LLAWLYFR

no
3/2020

Dup

D

C

hamdden a llyfrgelloedd
aura
leisure & libraries

Llawlyfr ar gyfer Dolur Calon

Hawlfraint © Cathy Rentzenbrink 2017
Addasiad: Testun Cyf. 2020

Hawlfraint yr argraffiad Cymraeg © 2020 Graffeg.
Cyhoeddwyd gyntaf yng Nghymru yn 2020 gan Graffeg,
adran o Graffeg Limited, 24 Canolfan Busnes
Parc y Strade, Llanelli, SA14 8YP
www.graffeg.com

Cyhoeddwyd gyntaf ym Mhrydain yn 2017 gan Picador,
is-gwmni i Pan Macmillan, 20 New Wharf Road,
Llundain N1 9RR www.panmacmillan.com

Mae Cathy Rentzenbrink wedi datgan ei hawl
dan Ddeddf Hawlfreintiau, Dyluniadau a Phatentau 1988
i gael ei chydnabod yn awdur y llyfr hwn.

ISBN 9781913134976

I Erwyn a Matt,
ac i bawb sydd wedi rhannu eu straeon â mi

'Ingol... Mae *Llawlyfr ar gyfer Dolu:* cryno sy'n brin o hunandosturi ond ʃ... ɓ... ᵕ ac yn dwymgalon. Mae'n ychwanegiad hael a phwysig at arlwy cynyddol o hunangofiannau therapiwtig sy'n ein helpu ni i ymbalfalu drwy fywyd modern'
The Sunday Times

'Mae'r llyfr yn fôr o ddeallusrwydd ond mae'n cael ei gyflwyno mewn ffordd anffurfiol, fel petai rhywun yn eistedd ar erchwyn eich gwely, yn hytrach nag yn sefyll ar lwyfan... Ceir cysur nid yn unig yn ei eiriau o gyngor, ond yn y ffordd mae'n llwyddo i gynnig sicrwydd wrth wneud hynny... Yn y pen draw, efallai na fydd modd i ni drwsio ein calonnau drylliedig ond gallwn barhau i fyw, serch hynny, a gall ein calonnau dyfu a gwerthfawrogi rhyfeddodau bywyd. Dyna sut mae'r darllenydd yn teimlo ar ôl ei ddarllen'
Matt Haig, *Observer*

'Mae'n ysgrifennu'n groyw a gydag empathi am sut i fyw gyda galar a cholled ond gan ofalu bod lle yn eich calon i obaith hefyd'
Red

'Mae Rentzenbrink wedi bod ar daith hir ac anodd tuag at ryw fath o wellhad ac yn *Llawlyfr ar gyfer Dolur Calon* mae'n rhannu'r doethineb y mae wedi brwydro mor galed amdano yn y gobaith o helpu unrhyw un sydd wedi'i lorio gan alar neu dor calon... Mae'n llyfr gwerth chweil hefyd os oes

gennych chi anwyliaid sy'n dioddef... Llyfr twymgalon, llawn ing, cydymdeimlad a gonestrwydd, sy'n cynnig cyfoeth o ddoethineb a dealltwriaeth a fydd yn gysur i eneidiau coll yn eu hangen'
Daily Express

'Ar gyfer unrhyw un a hoffai deimlo'n llai unig yn ei boen meddwl neu ei alar... map y mae'r awdur wedi ei greu yn sgil ei dolur calon ei hun i helpu eraill i sylweddoli nad ydyn nhw ar eu pennau eu hunain'
Metro

'Mae'n rhoi cyngor tawel ynghylch beth i'w ddweud wrth y rhai sydd wedi dioddef tor calon, ac yn cynnig dulliau o fynegi galar sy'n osgoi ystrydebau'
Bryony Gordon, *The Daily Telegraph*

'Geiriau doeth i helpu i'n harwain ar hyd y daith... Llyfr bendigedig, twymgalon'
Prima

'Meddyliwch am Cathy Rentzenbrink fel eich ffrind gorau newydd – cynnes, ffraeth a thu hwnt o ddoeth'
Woman & Home

'Llyfr twymgalon... canllaw cadarn i helpu unrhyw un sy'n dioddef tor calon i oroesi, neu'r sawl sy'n adnabod rhywun arall sy'n dioddef. Mae yma falm iachusol, ond hefyd doreth o ddoethineb i roi gwydnwch i rywun yn y byd go iawn'
Bookseller

'Llowciais *Llawlyfr ar gyfer Dolur Calon* mewn un darlleniad. Mae'n llawn harddwch a doethineb... dwi'n prynu copi i bawb dwi'n eu caru'
Laura Barnett, awdur *The Versions of Us*

'Mae *Llawlyfr ar gyfer Dolur Calon* yn ddoeth ac yn graff. Mae'n un o'r llyfrau mwyaf teimladwy a gonest i mi ei ddarllen erioed ac mae'n siŵr y bydd yn cynnig goleuni ym mhen draw'r twnnel i lawer o bobl. Mae'n ddewr iawn ac yn wir iawn'
Suzanne O'Sullivan, awdur *It's All In Your Head*

'Pan drodd fy mywyd wyneb i waered, dyma'r llyfr yr hoffwn fod wedi ei ddarllen. Os oes unrhyw un o'ch cydnabod wedi'i lethu gan alar, gall *Llawlyfr ar gyfer Dolur Calon* ddangos i chi sut i fod y ffrind y mae ei angen arnyn nhw'
Decca Aitkenhead, awdur *All At Sea*

'Ffrind doeth, eglur, cynnes a chynhwysol i'ch helpu drwy gyfnodau o dristwch mawr – eich tristwch chi neu dristwch un o'ch anwyliaid. Dylai'r llyfr hwn fod ar gael ar bresgripsiwn'
Sali Hughes, awdur *Pretty Honest*

'Mae *Llawlyfr ar gyfer Dolur Calon* yn llyfr a allai newid bywyd y person sy'n cydio ynddo ar yr adeg iawn. Hoffwn allu mynd yn ôl a'i roi i mi fy hun ar wahanol adegau yn fy mywyd... Mae'n cyflwyno'r neges hynod bwysig honno: dydych chi ddim ar eich pen eich hun'
Alice Adams, awdur *Invincible Summer*

'Doeth, hael, goleuni, balm, mae Cathy Rentzenbrink
yn llonni'r enaid'
Megan Bradbury, awdur *Everyone Is Watching*

'Darllenais *Llawlyfr ar gyfer Dolur Calon* mewn un eisteddiad.
Dechreuais feddwl y dylwn ei roi i ambell berson, y gallai
helpu fy ffrind a fy chwaer, ond wedi dim ond ychydig o
dudalennau, sylweddolais ei fod yn siarad â mi am yr holl
adegau yn fy mywyd yr oeddwn wedi dymuno clywed gair
caredig neu bwt o ddoethineb a fyddai'n fy nghynnal drwy
gyfnodau anodd iawn. Dydy Cathy ddim yn therapydd nac
yn feddyg ac mae'r llyfr yn well o'r herwydd. Mae'n ddynol
ac yn garedig ac wedi'i wreiddio ym mywyd bob dydd, yn yr
iaith rydym i gyd yn ei hadnabod ac yn yr erchyllterau sy'n
gyfarwydd i bawb sydd erioed wedi teimlo allan o reolaeth neu
ar goll i'r fath raddau fel nad ydyn nhw'n gallu siarad. Mae
wedi fy hudo. Mae wedi fy addysgu. Mae angen copi ymhob
cartref: fel tortsh a ffiws sbâr, gall eich helpu i ddod o hyd
i'ch ffordd adref'
Kit de Waal, awdur *My Name Is Leon*

Llawlyfr ar gyfer Dolur Calon

Magwyd CATHY RENTZENBRINK yn Swydd Efrog a
bu'n byw am flynyddoedd lawer yn Llundain cyn
dychwelyd i Gernyw, lle cafodd ei geni.
Mae'n awdur ac yn newyddiadurwraig.
Hi yw awdur *The Last Act of Love*,
un o gofiannau mwyaf poblogaidd y
Sunday Times, a gyrhaeddodd restr fer
Gwobr Llyfrau Wellcome.

Hefyd gan Cathy Rentzenbrink

THE LAST ACT OF LOVE

Dolur calon: poen neu drallod emosiynol; tristwch; galar; ing

Cyflwyniad

Mae bywyd yn brifo. Dydw i ddim yn siŵr pam mae hynny'n gymaint o syndod i bawb, ond cefais blentyndod hapus ac roeddwn wedi disgwyl y byddai pethau'n gwella ac yn gwella wrth i mi ddod i oed. Roeddwn i'n llawn gobaith a sicrwydd a oedd yn ymylu ar fod yn drahaus fod bywyd go iawn yn disgwyl amdana i. Roeddwn i eisiau dysgu a byw, ac yn dyheu am brofiadau.

Yn lle hynny, torrwyd fy nghalon pan gafodd fy mrawd Matty ei daro gan gar ar ffordd dywyll, filltir o'n cartref yn Swydd Efrog. Roeddwn i'n 17 oed ac yntau'n 16 oed. Roedd 13 mis yn iau na mi a naw modfedd yn dalach, yn llawn jôcs a chwerthin, bachgen hoffus a digywilydd a oedd yn disgleirio yn yr ystafell ddosbarth ac ar y cae pêl-droed. Roedd cwsmeriaid tafarn fy rhieni'n dweud ei fod yn rhy glyfar er ei les ei hun, ond roedden nhw'n dweud hynny amdana i hefyd.

Roedd yr hyn a ddigwyddodd nesaf yn gymhleth, oherwydd fuodd o ddim farw yn y fan a'r lle. Fe'i cadwyd yn fyw gan lawdriniaeth frys ar yr ymennydd; roedd mewn coma llawn am ddeg diwrnod, ac yna agorodd ei lygaid yn araf bach, fesul milimetr bob ychydig oriau. Trodd wythnosau'n fisoedd a misoedd yn flynyddoedd wrth i ni arllwys cariad, gobaith a gwaith i'r dasg o'i adsefydlu, ond ddaeth o ddim nes at fod yn ymwybodol. Roedd mewn cyflwr diymateb parhaol – geiriau hyll sy'n disgrifio cyflwr hyll ac ofnadwy. Aeth wyth mlynedd arall heibio, a phroses gyfreithiol ddyrys, cyn iddo adael y byd hwn go iawn, cyn i ni allu cynnal angladd a thrio galaru am ei golli.

Yna, fe wnes i beth mae pobl yn aml yn ei wneud pan fyddan nhw mewn poen: creu anhrefn llwyr i mi fy hun ac i eraill. Wrth i'r blynyddoedd fynd heibio, fe driais i ddod dros fy nhristwch a bwrw ymlaen â bywyd. Dechreuodd pethau da ddigwydd – sobri, dysgu mwynhau gweithio, gwneud ffrindiau, priodi a chael plentyn – ond drwy'r cyfan, roeddwn i'n teimlo fy mod i'n sownd, nad oeddwn i'n gallu dianc rhag beth oedd wedi digwydd, p'un a oeddwn i eisiau gwneud hynny ai peidio. Byddai poen yn fy nghalon am byth.

Ysgrifennais lyfr am fy mhrofiadau o'r enw *The Last Act of Love*, ac roedd hynny'n helpu. Roeddwn i'n falch 'mod i wedi llwyddo i ymgodymu â'r stori gymhleth hon a'i rhoi ar glawr ac wrth fy modd fod cyfeillion fy mrawd o'r farn fy mod i wedi dal ei gryfder, ei gynhesrwydd a'i ffraethineb.

Efallai mai'r peth roeddwn i'n fwyaf diolchgar amdano oedd y bobl a fyddai'n dod i siarad â mi mewn digwyddiadau, neu'n ysgrifennu llythyrau ata i am y galar a'r colledion yn eu bywydau nhw. Drwy wrando ar eraill daeth popeth yn gliriach i mi, a dechreuais deimlo'n rhan o gymuned o bobl a oedd wedi'u clwyfo. Mae hyn yn swnio'n ddigalon ond roedd yn galondid mawr i mi. Sylweddolais fod cymaint ohonon ni'n edrych fel pe baem yn hwylio drwy fywyd mewn ffordd sy'n edrych yn llwyddiannus neu'n hapus hyd yn oed, ond yn drwm gan feichiau ac wedi blino'n llwyr gan yr ymdrech o geisio cuddio'n tristwch.

Diolchodd llawer o bobl i mi am ddangos nad nhw oedd yr unig rai i deimlo fel hyn a dechreuais innau weld cymaint sydd gan bobl yn gyffredin. Mae pob colled – o rywun annwyl yn marw'n annisgwyl, ymlaen at golli diniweidrwydd a'r holl ffordd at rywun yn dwyn eich bag – yn teimlo fel profiad personol, ond mewn gwirionedd mae'n brofiad cyffredin i bawb. Wrth rannu'r dioddefaint a chydnabod y boen o fod yn ddynol, fe ddechreuais i weld ein bod nid yn unig yn ysgafnhau'n baich ni ein hunain, ond hefyd yn helpu'r rhai o'n cwmpas i weld eu hunain yn rhan o un criw mawr.

Ar ôl cyhoeddi'r llyfr, roedd pobl yn aml yn gofyn i mi am gyngor ynghylch beth i'w ddweud wrth rywun pan fyddai'r gwaethaf wedi digwydd, neu beth allai fod o help iddyn nhw. Roedden nhw hefyd yn gofyn a oeddwn i'n meddwl ei bod hi'n iawn rhoi copi o *The Last Act of Love* i rywun a oedd wedi dioddef colled enbyd. Eu pryder mawr, ac un roeddwn innau'n ei rannu, oedd eu bod yn cyflwyno stori drist ac anodd i rywrai a oedd eisoes dan bwysau eu profiad eu hunain.

Tua'r un pryd, fe glywais am y cysyniad o 'gynnwys a phroses', term mae therapyddion yn ei ddefnyddio. Cynnwys yw'r peth sydd wedi digwydd, proses yw'r ymdrech i geisio delio ag o. Meddyliais am sut mae cynnwys yn beth sy'n benodol i ni – ein stori ni ein hunain – ond mae proses yn gyffredin i ni i gyd. Mae pob un ohonom yn baglu drwyddi, yn trio deall sut i fyw mewn byd nad yw'n ymddwyn fel yr hoffem iddo wneud.

A oedd ffordd bosib o rannu fy mhroses i, o ysgrifennu rhywbeth gyda'r pwrpas penodol o gysuro rhywun? Efallai mai tor calon yw'r hyn sy'n digwydd ar yr un pryd â'r ergyd, a dolur calon yw beth sy'n weddill ar ôl i'r llwch setlo, pan fyddwn yn gallu edrych o'n cwmpas ond yn dal i deimlo'n drist. Beth fyddai wedi bod yn ddefnyddiol i mi ei wybod wrth i mi fyw drwy'r profiadau hyn? Os mai cynnwys oedd fy llyfr cyntaf, efallai mai proses fyddai fy ail lyfr. Fe allwn i guddio gwewyr y stori drist rhag y darllenydd, ond dwi'n gobeithio ar yr un pryd y gallai'r gwersi a ddysgwyd ar y daith fod yn ddefnyddiol i rywun, beth bynnag fyddai ei sefyllfa bersonol yntau.

Dyma'r llyfr yr hoffwn fod wedi'i gael pan ddigwyddodd y gwaethaf, yn llawn o'r cyngor y byddwn i wedi dymuno'i gael. Hwn hefyd yw'r llyfr yr hoffwn iddo fod wrth fy ymyl ar gyfer beth bynnag ddaw yn y dyfodol. Roeddwn i eisiau crynhoi fy holl feddyliau mewn un lle a chael rhywbeth i gyfeirio ato pan fyddai llwybr bywyd yn gwyro'n ddisymwth, neu'r byd yn dechrau edrych yn ddigalon o gwmpas yr ymylon.

Dydw i ddim yn feddyg, yn therapydd, yn athronydd, yn offeiriad nac yn arbenigwr ar ddim byd. Dim ond person dynol ydw i, sydd wedi meddwl llawer am sut i fod yn fyw yn y byd hwn. Dydw i ddim eisiau i hyn fod yn anodd neu'n drist. Fe arllwysais fanylion fy ngwewyr i fy llyfr cyntaf, ond dwi'n gobeithio y tro hwn y gallech chi roi'r gyfrol hon i rywun heb orfod poeni am ei wthio ymhellach i geunant tywyll.

Roedd adegau yn y gorffennol pan doeddwn i ddim eisiau byw. Roeddwn i'n meddwl na fyddai fy nghalon yn gallu goddef poenau'r byd ac y byddai efallai'n gwrthod curo ryw ddiwrnod. Dydw i ddim yn teimlo felly erbyn hyn. Mae poen yn fy nghalon o hyd a dwi'n dal i fynd drwy gyfnodau o iselder, ond dwi wedi dysgu sut i'w reoli. Erbyn hyn dwi'n gwybod beth i'w ddweud wrtha i fy hun fel fy mod yn gallu dal ati. Hyd yn oed ar fy ngwaethaf, dwi'n dal i fod eisiau byw; y cyfan sydd arna i ei eisiau yw teimlo'n well. Ac mae adegau lawer pan fydda i'n profi llawenydd y tu hwnt i unrhyw beth a oedd i'w weld yn bosib o'r blaen.

Dwi'n rhannu fy ffordd drwy'r profiad ac yn meddwl am y llyfr hwn fel cwtsh ar lafar, neu neges gariadus mewn potel – wedi'i thaflu i'r môr ac yn dod i'r lan wrth draed rhywun mewn angen. Cymerwch yr hyn a fynnwch ohono.

Dwi'n gobeithio nad oes dim dwi'n ei ddweud yn anghyfrifol neu'n ddi-fudd mewn unrhyw ffordd. Byddwn yn eich annog i ofyn am help gan eich meddyg teulu, i siarad â rhywun rydych chi'n ymddiried ynddo neu i alw'r

Samariaid ar 116 123 neu eu llinell ffôn Gymraeg ar 0808
164 0123 (adegau penodol, pnawn a nos yn unig) os ydych
mewn gwewyr, yn isel eich ysbryd neu'n poeni am eich iechyd
meddwl mewn unrhyw ffordd arall.

Os nad yw'r llyfr yn taro deuddeg, rhowch o i'r neilltu a
darllenwch rywbeth arall. Dwi'n llawn ddisgwyl i chi ei daflu
ar draws yr ystafell o bryd i'w gilydd. Yn eich dicter a'ch galar,
dwi'n gallu'ch clywed yn dweud, 'Llyfr? Sut mae llyfr yn mynd
i fy helpu, a minnau wedi torri 'nghalon?'

Dwi wedi taflu sawl llyfr ar draws yr ystafell yn fy nydd.
Dwi wedi casáu pobl sydd wedi trio cynnig gobaith i mi, ac
wedi troi fy nhrwyn yn ddiserch ar lawer iawn o'r cyngor dwi
rŵan yn ei gynnig fy hun oherwydd nad oeddwn i'n barod ar
ei gyfer. Ond er gwaethaf y taflu, dwi wedi ymddiried mewn
llyfrau erioed, wedi dibynnu arnyn nhw ac wedi dod o hyd i
ddoethineb a chysur ynddyn nhw.

Dyma fy nghanllaw amherffaith i am sut i fyw yn y byd
prydferth ond creulon hwn. Mae un peth sydd bob amser yn
fy nghysuro, rhywbeth sy'n ddi-ffael yn llygedyn o oleuni ar
ddiwrnod tywyll – a hynny yw cofio bod eraill wedi troedio'r
llwybr hwn o 'mlaen i. Fe ysgrifennais i'r llyfr hwn i mi fy
hun ond hefyd i chi, ar gyfer yr adegau hynny pan fydd eich

calon wedi'i thorri'n gyrbibion a chithau'n methu dychmygu y byddwch chi byth yn teimlo'n well, er mwyn i chi wybod nad ydych chi ar eich pen eich hun.

Beth yw eich stori chi?

Mae gan bawb stori gefndir. O eiliad ein geni, rydym yn
casglu profiadau ac fe fydd y profiadau hynny'n gymysgedd
amrywiol o oleuni a thywyllwch wrth i ni ddysgu ystyr
llawenydd a phoen. Mae gan y rhan fwyaf o bobl yr un peth
penodol hwnnw – marwolaeth neu golled weithiau, ond nid o
reidrwydd – sy'n ffynhonnell galar, ac yn aml yn ffynhonnell
euogrwydd a chywilydd. Wyddwn i ddim mo hyn erioed.
Roeddwn i'n arfer meddwl bod y ddawn honno o ymddangos
yn berffaith a rhoi gwên deg i'r byd yn ddawn benodol oedd
gen i'n unig. Dwi'n falch fy mod i bellach yn gwybod nad fi
yw'r unig un o bell ffordd sy'n cuddio dolur calon rhag pobl
eraill.

Dyma rai o'r straeon sydd wedi'u rhannu â mi gan
ffrindiau, pobl a ddaeth i siarad â mi mewn digwyddiadau

neu rai sydd wedi cysylltu ar ôl darllen fy llyfr. Yr hyn sydd gan bawb yn gyffredin yw eu bod i gyd yn ymddangos fel pe baen nhw'n ymdopi. Wrth edrych arnyn nhw, fe fyddech chi'n eiddigeddus o'r ffordd maen nhw'n hwylio'n braf drwy fywyd, ar yr wyneb, beth bynnag.

Cafodd M ei cham-drin pan oedd hi'n blentyn. Ym mhob perthynas a gafodd erioed, mae hi wedi poeni pryd yn union y dylai hi rannu ei stori anodd. Unwaith, fe rannodd ei stori â'i chariad a dyna'r tro olaf iddi ei weld o. Doedd o ddim yn gallu ymdopi.

Bu farw bachgen bach G yn y groth a bu'n rhaid iddi eni ei gorff. Lwyddodd hi fyth i feichiogi wedyn. Dydy hi ddim yn dweud hyn wrth neb ond mae pobl yn aml yn gofyn iddi pam nad oes ganddi blant. Yn aml maen nhw'n dyfalu o fewn clyw iddi ei bod hi'n poeni mwy am ei gyrfa nag am gael plant.

Roedd gan F chwaer a fu farw a throdd ei rhieni eu cartref yn gysegrfa iddi. Wrth i F dyfu'n hŷn, dihangodd i'r brifysgol gan gadw'r cyfan yn dawel a rhoi'r argraff i bawb ei bod hi'n unig blentyn. Ni fyddai byth yn mynd â ffrindiau adref. Flynyddoedd yn ddiweddarach, a hithau ar fin cyflwyno'i dyweddi i'w rhieni, roedd hi'n gwybod bod rhaid iddi ddweud wrtho. Ond doedd hi ddim yn gallu dweud y geiriau, felly fe ysgrifennodd hi'r hanes ar ddarn o bapur a'i roi iddo ar y trên ar y ffordd yno.

Pan oedd P yn ddeuddeg oed, cafodd ei frawd ei daro gan gar a'i ladd o'i flaen. Fel yr hynaf, mae'n dal i deimlo ar fai, rywsut.

Mewn digwyddiad i hyrwyddo llyfrau daeth dyn canol oed, wedi'i wisgo'n drwsiadus, ata i a dweud wrthyf mewn llais tawel nad oedd erioed wedi anghofio cael ei anfon oddi cartref i'r ysgol pan oedd yn saith oed. Roedd cymaint o boen yn ei lygaid, fel petai llygaid plentyn yn syllu arna i o wyneb dyn mewn oed.

Un o fy hoff sgyrsiau oedd â menyw brydferth a ofynnodd i mi a oedd hi'n iawn iddi ddefnyddio'r gwersi yn fy llyfr i ymdopi â diwedd ei pherthynas â'i chariad. 'Dwi'n gwybod nad ydy o'n ddim o'i gymharu â phroblemau pobl eraill. Dwi'n gwybod na ddylai fod o bwys i mi, ond mae o,' dywedodd. 'Roeddwn i'n meddwl y byddwn i'n cael ei blant. Roeddwn i'n meddwl 'mod i'n gwybod pa fath o fywyd fyddai gen i, a rŵan dydw i ddim.' Fe ddangosodd hi i mi fod y ffordd rydym yn trio gosod gwahanol fathau o boen mewn rhyw fath o hierarchaeth ffug yn wirioneddol ddi-fudd i bobl sy'n dioddef, gan wneud iddyn nhw deimlo eu bod yn llai teilwng o gydymdeimlad cymdeithas.

Y gwir amdani yw bod yma fwy na straeon mawr,
dramatig. Mae cymaint o fywydau'n llawn anawsterau. Mae
llu o drafferthion sy'n gysylltiedig â chael plant: trychineb
beichiogrwydd nad oedd wedi'i fwriadu, trallod methu
beichiogi, sylweddoli bod bywyd gyda'r plentyn annwyl yma,
y rhodd hirddisgwyliedig, gymaint yn anoddach na'r disgwyl.
Efallai fod gennych chi fabi sy'n crio'n ddi-baid, plentyn bach
ystyfnig neu blentyn yn ei arddegau sy'n rhoi'r argraff ei fod yn
eich casáu chi.

Dwi'n aml yn meddwl nad ydym yn llawn ystyried
effeithiau gwaith, diswyddiad annisgwyl, er enghraifft, neu
effaith teimlo ein bod yn cael ein bwlio. Yn aml, mae pobl yn
byw gyda phoen a salwch, neu'r teimlad syml – sydd yn bell
o fod yn syml, wrth gwrs – nad ydyn nhw'n byw bywyd fel y
dylai gael ei fyw, bod rhywbeth ar goll neu o'i le.

Rydyn ni, fodau dynol, yn tueddu i wneud bron unrhyw
beth i geisio tynnu ein sylw oddi ar ein poen, felly mae
anhrefn a dinistr yn aml yn dilyn y clwyf cyntaf. Mae gan
lawer o bobl straeon arswydus sy'n plethu o'u cwmpas fel mieri
dyrys y mae'n anodd dianc o'u crafangau.

Weithiau, dwi'n credu fy mod wedi llwyddo. Mae gen

i bwt o therapi neu ddirnadaeth newydd a dwi'n teimlo'n
rhydd. Ond wedyn dwi'n darganfod draenen newydd wedi'i
gwreiddio mewn rhyw gornel ohono i nad oeddwn yn
ymwybodol o'i bodolaeth. Rywbryd, yn aml yn gwbl groes
i'r graen a than brotest, mae'n rhaid i ni dderbyn bod ein
profiadau yn rhan o bwy ydyn ni, p'un a ydyn ni'n hoffi hyn ai
peidio.

Yr hyn dwi wedi ei ddysgu yw bod bron pawb yn ei
chael hi'n anodd ymdopi â'u stori gefndir – p'un a ydyn
nhw'n ymwybodol o hynny ai peidio. Dwi'n ymweld â rhai
carchardai ac mae bod yng nghwmni pobl sydd â beichiau
trwm yn brofiad sy'n eich sobri. Mae'r straeon tristaf un i'w
gweld yma: pobl na chawson nhw eu caru pan oedden nhw'n
blant, rhai roedd hi'n well ganddyn nhw esgeulustod na sylw,
rhai a fagwyd gyda mwy o boen nag o garedigrwydd, heb
unrhyw gariad, ddim hyd yn oed y math caled, difynegiant.

Yn ddiweddar, trafodais y syniad o stori gefndir gyda
grŵp darllen mewn carchar. Roedden nhw o allu cymysg, fel
sy'n aml iawn yn wir mewn carchardai, oherwydd os ydych
chi'n cael trafferth goroesi fel plentyn, os nad yw'ch cartref
yn lle diogel, mae addysg bron bob amser ar waelod y rhestr
flaenoriaethau. I bob un o'r dynion y cwrddais i â nhw, roedd

y llyfrgell yn lloches ac yn gysur, y lle mwyaf heddychlon y mae'n bosib dod o hyd iddo mewn carchar.

Fe soniais i wrthyn nhw am Maya Angelou, a'r hyn ddywedodd hi – nad oes gwewyr mwy na chario stori heb ei hadrodd o gwmpas gyda chi. Esboniais beth oedd stori gefndir, gan ofyn i bawb ddychmygu cymeriad newydd mewn opera sebon. Beth wyddom ni amdano ar y dechrau? Sut fyddwn ni'n darganfod mwy? Fe fuom yn chwerthin gryn dipyn am yr arwyddion amlwg sydd ar y teledu bob tro, yr edrychiadau dros ben llestri hynny sy'n ei gwneud hi'n glir mai 'dyn drwg' neu 'fenyw ddrwg' yw'r newydd-ddyfodiad.

Fe ddeallodd pawb, a gallwn weld eu bod yn meddwl yn ddwys am eu straeon cefndir eu hunain. Dywedodd un dyn, 'Oes, mae'n rhaid i chi fedru dweud eich stori eich hun. Neu mae pethau'n mynd yn flêr.'

Yno, yn yr ystafell fach honno, teimlai fel y gwirionedd mwyaf a glywais erioed. Sut allwn ni egluro'n bywydau a'n gweithredoedd i bobl eraill os na allwn ni eu cydnabod nhw ein hunain?

Dyma'r peth pwysicaf amdanom, does bosib? Beth sydd wedi peri poen i ni, a sut rydym wedi dysgu i ddal ati ac efallai, rhyw ddydd, ddod o hyd i lawenydd. Dyna beth y dylem ei drafod ar ddêt gyda dieithryn – nid hyd a lled ein synnwyr digrifwch neu a ydym yn mwynhau darllen y papurau Sul, ond beth sydd wedi peri loes calon i ni. Er mwyn i ni adnabod ein gilydd go iawn, mae'n rhaid i ni allu rhannu ein dolur calon.

Mae hyn yn anodd. Mae'n ein gadael ni'n agored, ac mae datgelu gormod amdanon ni'n hunain yn ein dychryn. Rydym i gyd yn dyheu am gael ein deall, ond mae'r dyhead hwnnw'n mynd law yn llaw â'r pryder na fydd neb yn poeni amdanom. Yr ofn hwnnw y byddai pobl yn rhedeg i ffwrdd pe baen nhw'n adnabod y ni go iawn.

Yn aml, fe hoffwn fy natgysylltu fy hun oddi wrth fy stori gefndir. Dydy hi ddim yn ymddangos yn deg nac yn real. Dwi'n rhy siriol, yn rhy hapus, yn rhy ddoniol i fod â rhan mewn stori mor drist. Fe hoffwn i ddweud, 'Na, mae camgymeriad wedi digwydd. Dwi i fod draw fan acw, yn cael amser da a dweud jôcs. Dwi ddim i fod yn fama.'

Felly, dwi'n esgus bod yn wahanol. Dwi'n gwisgo mwgwd, fel y gwnawn ni i gyd, a gwneud fy hun yn fwy hoffus, yn llai peryglus. Rydym mor ofnus o ymddangos yn hyll neu'n annymunol o flaen pobl fel ein bod yn cuddio'n creithiau o dan liwiau llachar a gwên deg.

Y broblem arall yw na fydd ein straeon o bosib yn gwneud synnwyr. Dydy rhesymeg ddim bob amser yn fuddiol i ni wrth geisio canfod pam ein bod ni mor ofidus, ac yn aml rydym yn ddig wrthyn ni'n hunain am boeni ynghylch rhywbeth, neu'n meddwl y dylem fod wedi dod drosto bellach. Dwi'n meddwl am fy stori fel octopws. Yr holl freichiau yna'n gwingo, rhai'n dewach na'i gilydd, rhai'n fwy newydd na'i gilydd. (Yn amlwg, nid anatomeg octopws go iawn y hwn!)

Sut ydych chi'n mynd i'w ddofi? Oherwydd mae'n rhaid i ni ei ddofi, gymaint ag y gallwn ni. Dyma sy'n gwneud stori sydd heb ei hadrodd yn beryglus: mae'n corddi dan yr wyneb, ac yn creu pob math o broblemau. Sut ydych chi'n mynd i'w chael hi allan? Gallech ymddiried mewn ffrind agos, neu siarad â rhywun proffesiynol fel therapydd neu gwnselydd; fe allech chi droi at berson crefyddol. Dwi wedi profi'r rhyddhad pwerus a ddaw wrth ddatgelu cyfrinach hirdymor i rywun arall, ond os yw siarad â rhywun yn teimlo'n ormod i chi, fe allech chi geisio rhoi'r cyfan ar bapur.

Pan ddechreuais i ysgrifennu fy llyfr cyntaf, doeddwn i ddim yn meddwl y byddai neb yn ei ddarllen. Yn gyntaf oll, geiriau i mi yn unig oedden nhw, ymgais i lusgo'r holl boen a thrallod a oedd y tu mewn i mi a'u sodro ar ddu a gwyn.

Roedd yn bell o fod yn hawdd, ac o dro i dro, roeddwn yn teimlo fel pe bawn yn gwaedu ar hyd fy mysellfwrdd. Bryd hynny, fe fyddwn i'n cofio geiriau'r cwsmeriaid yn y dafarn ble cefais fy magu, pan oedd rhywun yn sâl ar ôl yfed gormod: 'Mae'n well allan nag i mewn.' Meddyliwn amdano fel bocs yn llawn anobaith; hen beth mawr, anhylaw ac anodd ei drafod. Ond wrth i mi ddadbacio'r cynnwys, daeth yn llai trwsgl, yn ysgafnach ac yn haws ei gario. Yn debycach i sgrepan. Ac wrth fentro edrych eto ar rai o olygfeydd mwyaf poenus fy mywyd, fe lwyddais i ailgysylltu ag atgofion melys a chynhesach a oedd wedi cael eu dal ynghanol y drysni.

Dywedodd un therapydd hyfryd wrtha i, 'Allwn ni ddim newid y digwyddiad, ond fe allwn ni ystyried eich perthynas â'r digwyddiad.' Mae hon yn ffordd dda o feddwl am y pethau sydd wedi digwydd i ni. Allwn ni ddim newid y ffaith eu bod nhw wedi digwydd, ond fe allwn ni ddewis sut i feddwl a sôn amdanyn nhw yn y dyfodol; ni hefyd piau'r dewis ynglŷn â beth i'w wneud â'r hyn a ddysgwyd gennym yn anfoddog.

Mae geiriau yn gyfyngedig. Os nad ydych chi'n teimlo y gallwch chi siarad nac ysgrifennu, gallech ganu, dawnsio, paentio, tynnu llun. Sut bynnag wnewch chi hynny, ac er mor anodd mae'n gallu bod, dwi'n addo y bydd dod i delerau â'ch stori yn gwneud i chi deimlo'n well yn y pen draw. Ond mae'n anodd.

Roeddwn i'n cerdded gyda fy mam yn ddiweddar yn y pentref lle mae fy rhieni'n byw yng Nghernyw. Mae Llundain yn wastad, ac er i mi wneud adduned y bydda i'n cerdded i fyny grisiau symudol, dydw i byth yn gwneud hynny, felly dydw i byth mor ffit ag y dylwn i fod wrth gyrraedd Cernyw. Mae taith gerdded gron yno sy'n cymryd tua awr ac mae'n cynnwys bryn annifyr o serth. Ar y diwrnod cyntaf, mae'n rhaid i mi fy llusgo fy hun i fyny, ond erbyn y diwrnod olaf, dwi'n prancio i'r copa fel oen bach. Mae fy mam a minnau'n hoffi siarad – rydym yn sgwrsio rownd y rîl – ond mae'n cymryd rhai dyddiau cyn y medra i gynnal sgwrs ar yr un pryd â cherdded i fyny Ghost Hill. Mae hyn bob amser yn gwneud i mi feddwl, anodda'n byd a mwyaf serth yw'r bryn, anodda'n byd yw hi i anadlu hyd yn oed, heb sôn am ddod o hyd i eiriau.

Oherwydd fy mod yn darllen gormod o nofelau, efallai, mae gen i'n aml ryw synnwyr niwlog o fywydau cyfochrog yn cydredeg â fy mywyd i. Chafodd fy mrawd mo'i daro gan gar; mae yn fy mywyd, mae'r ddau ohonom yn agos. Nid yn unig mae o'n fyw, ond dwi'n wahanol: yn fwy llawen, yn fwy agored, yn llai ofnus. Dwi'n sefyll yn dalsyth, dydw i ddim yn brifo oherwydd fy mod yn angori fy nghorff yn gyson yn erbyn poen yr hyn a allai ddigwydd nesaf. Fe allwn i fy ngyrru fy hun yn wallgof yn dychmygu fel hyn, yr obsesiwn diddiwedd â byd gwahanol, gwell, lle mae fi gwahanol a chryfach yn byw. Ond dwi wedi dysgu ei bod yn rhaid i ni dderbyn bod ein stori yn rhan ohonom a gadael i'n hunain deimlo'i phoen yn llawn, ac yna bwrw ymlaen â'r dasg o fyw gweddill ein hoes.

Bomiau llaw a bwyelli

Eiliad y bom llaw. Mae bywyd wedi bod yn rhygnu yn ei flaen ac yna – bang – yn ddirybudd, mae'n ffrwydro. Mae rhywbeth yn gwneud i'ch enaid floeddio, yn eich taro yn eich stumog â bar haearn, yn gwneud i chi deimlo bod rhywun neu rywbeth wedi gwthio dwrn i'ch brest, cyn agor ei fysedd milain a rhwygo'ch calon o'ch corff. Mae bywyd wedi newid am byth; efallai ei fod bellach yn annioddefol.

Mae bomiau llaw yn bob lliw a llun. Maen nhw'n gallu bod yn wrthdrawiad car neu'n ddamwain, rhywbeth sy'n dwyn bywyd anwylyd mewn ffordd dreisgar. Neu'n ddiagnosis: nid lwmp diniwed mohono bellach, dydy hi ddim yn bosib gwella'r cur pen a'r cyfog drwy wneud mwy o ymarfer corff neu fynd ar wyliau.

Gallai fod yn ddarganfyddiad: mae eich partner yn caru

rhywun arall neu mae wedi bod yn eich twyllo. Mae'r papurau newydd yn llawn o eiliadau bom llaw pobl eraill. Fe welwn ymosodiad terfysgol, daeargryn neu lifogydd ac fe wyddom ein bod yn dystion i eiliad pan fydd popeth yn newid. Ond rywsut, nid ydym yn credu y bydd dim byd mor ddramatig yn digwydd i ni. Pan fydd yn digwydd, y cyfan allwn ni ei ddweud yw, 'Alla i ddim credu hyn. Dydy o ddim yn teimlo'n real. Dydy hyn ddim yn deg.'

Roedd bwyell torri papur fawr yn yr ysgol. Fydden ni'r plant ddim yn cael mynd yn agos ati heb oruchwyliaeth, felly roedd ei gwylio ar waith yn olygfa ddramatig, y llafn yn disgyn ac yn hollti'r papur yn ddau. Dyna beth sy'n digwydd yr eiliad y mae'r bom llaw yn ffrwydro. Mae'n gwahanu'r hen fywyd oddi wrth y bywyd newydd, a hynny am byth. Mae'r llafn wedi disgyn. Mae bywyd fel roedden ni'n ei adnabod wedi'i wahanu, wedi'i gwtogi. Mae'r bywyd sydd i ddod yn amhosib ei ragweld ac yn amhosib ei ddirnad.

Pan ffrwydrodd y bom llaw yn fy mywyd i, casglodd oedolion llawn bwriadau da o 'nghwmpas i, i bedlera'r hen ystrydeb fod amser yn iachäwr heb ei ail. Felly dyma fi'n aros i deimlo'n well, yn aros i fywyd fynd yn ôl fel ag yr oedd o'r blaen. Ond wnaeth o byth.

Erbyn hyn, mae'n resyn gennyf na chefais glywed hyn: na fydd bywyd byth yr un fath eto. Mae'r hen fywyd wedi mynd am byth, a chewch chi mohono'n ôl. Yr hyn y gallwch chi eich annog eich hun i'w wneud rywbryd – a bydd amser o gymorth yn hyn o beth – yw dysgu i addasu i'ch byd newydd. Fe allwch chi led-drwsio'ch calon ddrylliedig a dechrau meddwl a theimlo'ch ffordd tuag at eich dewis chi o ffordd o fyw. Dyna beth hoffwn i fod wedi'i glywed, a dyna dwi am ei ddweud wrthych chi. Dwi'n credu fy mod i, o'r diwedd, yn gwneud hynny.

Mae yna fyd y tu draw i'r fwyell. Nid yr un sy'n gyfarwydd i chi ac mae'r byd a chwalwyd ar goll rŵan yn llwch yr oesoedd. Ond mae yna fywyd i'w fyw a'i ddarganfod, ac mae fersiwn newydd ohonoch chi yn aros i droedio i'r bywyd hwnnw.

Canllaw ar sut i ymddwyn ar adeg o newydd drwg

Mae'n ymddangos yn chwerthinllyd, yn wyneb anffawd rhywun arall, ein bod yn treulio amser yn poeni am ein hymddygiad ein hunain. Ond bodau dynol ydyn ni ac mae hynny'n arbennig o wir adeg marwolaeth a galar. Dwi'n siŵr ei bod hi'n haws yn oes Fictoria pan oedd rheolau pendant ar gael a chymdeithas a'r Eglwys yn darparu fframwaith. Roedd canllawiau ynghylch beth i'w wisgo, sut i gyfathrebu â phobl, faint o amser ddylai fynd heibio cyn i bawb ailafael yn y broses o fyw. Roedd arwyddion gweladwy, fel dillad *crêpe* du a gemwaith galaru, yn cynnig cliwiau i weddill y byd. Fel fersiwn o'r arwydd 'Babi yn y Car' yn ffenestri ôl ceir, roedd y düwch yn rhybudd bod angen trin unigolyn yn garedig. Mae gan bob diwylliant ddefodau marwolaeth a galar, ond yn ein cymdeithas gynyddol seciwlar ni, mae'n hawdd bod yn ansicr ynglŷn â beth yn union y dylem ei wneud.

Ar ôl meddwl yn hir am y peth, ac fel un sydd wedi gweld sawl agwedd ac ymdrech wahanol, dyma fy ymgais i ar ganllaw ar sut i ymddwyn ar adeg o newydd drwg.

DYWEDWCH HYN

Ar ôl llawer o feddwl a holi a stilio, dwi wedi sylweddoli nad oes gen i unrhyw gyngor pendant, gan ei bod hi'n amhosib i unrhyw weithred gan ffrind neu berthynas wneud i berson sydd newydd brofi ffrwydrad bom llaw deimlo'n well. Efallai mai hanfod sioc yw'r teimlad syfrdanol hwnnw o fod y tu hwnt i gael eich cysuro.

Y peth pwysig yw peidio â throi o'r neilltu, peidio â gwneud i bobl deimlo bod eu poen yn anneniadol neu yn ein gwneud ni'n anghyfforddus. Mae'n rhy hawdd peidio â dweud dim byd o gwbl oherwydd ein bod ni'n ofni dweud y peth anghywir. Pam mae hi mor anodd bod yn agos at rywun mewn gwewyr? Ai eisiau gwneud i bobl deimlo'n well rydyn ni oherwydd ein bod yn methu ymdopi â gweld eu gofid? Ai oherwydd y tueddiad modern i wrthod derbyn bod poen yn rhan o fywyd? Er hynny, ein pryder mwyaf yn sicr yw y byddwn yn dweud y peth anghywir ac yn gwneud i rywun deimlo'n waeth fyth.

Dwi wedi dod i ddeall bod gwneud dim mwy na bod yn gwmni i rywun sy'n plygu dan faich trwm yn weithred brydferth. Y peth gorau y gallwch ei gynnig yw caredigrwydd di-ben-draw. Mae pobl sydd wedi profi'r ergyd waethaf yn gallu bod yn drist y tu hwnt i bob rheolaeth ac yn methu ufuddhau i reolau arferol bywyd. Efallai mai dal eu gafael ar fywyd yw'r cyfan y gallan nhw'i wneud. Os ydyn nhw'n gas neu'n greulon neu'n methu bod yn gwrtais dros dro, mae angen i ninnau yn yr un modd roi'n disgwyliadau o'r neilltu dros dro, a chynnig llonydd a thosturi wrth iddyn nhw ddadfeilio, ymddwyn yn wael a phoeri geiriau anystyriol. Os ydyn nhw'n ymddwyn yn berffaith ac yn ymdopi'n foddhaol, mae hynny'n iawn hefyd.

Mae hefyd yn werth ystyried amseru. Er enghraifft, mae'r môr o gefnogwyr yn dueddol o godi'n un don yn syth ar ôl marwolaeth gyda phrydau poeth rif y gwlith, ond yna mae disgwyl i'r un sy'n galaru fod wedi dod drosti'n llwyr drannoeth yr angladd. Mae galar yn barti hir, yn enwedig os bu'n farwolaeth ddisymwth a'r tu hwnt i drefn naturiol pethau. Mae adrenalin yn gyrru'r dyddiau cyntaf a does dim prinder pobl yn galw – a mwy o flodau nag o lestri i'w dal nhw. Gydag amser, mae help yn golygu mwy oherwydd bod llai ohono ar gael. Mae hyn yr un mor wir mewn sefyllfaoedd eraill, fel diagnosis o salwch neu berthynas yn chwalu.

Dim ond hyn a hyn o gyfrifoldeb y gallwch chi ei gymryd. Does dim oll yn mynd i wneud i'r sawl sy'n dioddef deimlo'n well – oherwydd all dim byd wneud hynny. Does dim fformiwla hud yn bodoli. Mae'n bosib y bydd pobl mewn gwewyr yn cael eu cythruddo'n hawdd oherwydd nad yw'n bosib eu plesio. Ein prif rôl yw gadael iddyn nhw deimlo felly a pheidio â chael ein cythruddo ein hunain.

Un o'r pethau hynod ddiddorol am ddynoliaeth yw ein bod ni i gyd yn edrych ar fywyd yn wahanol ac yn ymateb i'r un digwyddiad mewn ffyrdd eithriadol o amrywiol. Mae straen yn gallu gwneud i ni ddyheu i eraill ymddwyn fel y bydden ni'n ymddwyn, ond mewn gwirionedd y cyfan sydd ei angen yw i ni adael digon o le iddyn nhw gael bod yn nhw eu hunain. Mae rhai'n dymuno siarad neu rannu jôc, hyd yn oed, ond mae eisiau llonydd ar eraill. Rhan o'ch swyddogaeth chi fel ffrind yw trio deall beth sydd ei angen arnyn nhw a pheidio â phoeni gormod am wneud y peth anghywir.

PEIDIWCH Â DWEUD HYN

Dydw i ddim fel arfer yn hoff o gyfarwyddiadau negyddol. Mae'r rhyngrwyd yn llawn o gyngor am bethau i beidio â'u dweud a dwi'n poeni y gallai rhestr hirfaith o bethau i beidio â'u dweud ein gorfodi i ryw gornel yn llawn distawrwydd dig. Wedi dweud hynny, mae yna rai ymadroddion erchyll dwi'n argymell peidio â'u dweud:

Mae popeth yn digwydd am reswm

Dydw i ddim yn berson treisgar, ond mae clywed hyn bob amser yn gwneud i mi fod eisiau dyrnu pobl yn eu hwyneb. Mae'n ymgais i wneud i drallod pobl eraill weddu i system gred. Os oes adeg briodol o gwbl i chwilio am ystyr mewn trasiedi – ac rydw i'n amau a ydy hon yn bod – yn sicr, nid yn union ar ôl i rywbeth ddigwydd yw'r adeg honno.

Os nad yw rhywbeth yn eich lladd chi, mae'n eich gwneud chi'n gryfach

Yn ôl pob tebyg, ymgais garedig yw hon i chwilio am oleuni ym mhen draw'r twnnel, ond dydw i erioed wedi hoffi'i glywed yn cael ei ddweud wrtha i. Dydw i ddim yn

cael unrhyw gysur yn y ffaith fod yr hyn a ddigwyddodd
i fy mrawd yn rhoi cyfle i mi ddatblygu neu i dyfu fel
person. Dydw i chwaith ddim yn meddwl ei fod yn wir. Am
flynyddoedd, roeddwn i'n teimlo fel fersiwn wan o'r ferch y
gallwn i fod. Fe wnes i oroesi o drwch y blewyn ond ces fy
llethu gan y profiad, yn hytrach na fy atgyfnerthu. Doeddwn
i ddim yn fwy gwydn; wyddwn i ddim a fyddwn i'n gallu byw
ar ôl ergyd arall a doeddwn i ddim yn gallu peidio â galaru
am yr hen fi. Roeddwn i'n poeni y byddai un gwelltyn bach
gwantan arall yn torri asgwrn cefn y camel lluddedig.

Fyddai Duw ddim yn rhoi mwy i chi nag y gallwch chi ymdopi ag o

Sut all unrhyw un gredu yn y math o Dduw sy'n eistedd
yn yr awyr yn pwyso a mesur faint o drasiedi a phoen y gall
un person ei ddioddef? Mae tinc hynod oddefol-ymosodol
i hyn. Mae'n ymddangos fel ymgais i gysuro ond yn teimlo
fel beirniadaeth – os na fyddai Duw yn rhoi mwy i chi nag
y gallwch chi ymdopi ag o, yna chi sydd ar fai os ydych yn
methu ymdopi.

Mae'n dod i ni i gyd

Dywedwyd hyn wrth ffrind i mi gan gymydog pan oedd

hi oedd newydd ddioddef trychineb enbyd. Roedd hi eisiau dweud, 'Ydy o? Ydy o wir?'

PEIDIWCH Â GWNEUD HYN

Unrhyw fath o ffrwgwd

Pan oeddwn yn gweithio y tu ôl i'r bar, gwelais lawer o ddadleuon ar ôl angladdau. Os ydych chi'n teimlo'n flin oherwydd ffurf y gwasanaeth, neu fod rhywun wedi siarad â chi mewn ffordd chwithig, neu heb ddweud dim o gwbl, ga i awgrymu'n garedig eich bod chi'n gweld y gorau ym mhawb?

Chafodd yr un sefyllfa erioed ei gwella gan bobl yn ffraeo dros leoliad yr wylnos, y polisi ynghylch rhoi blodau, neu'r cwestiwn blinderus o bwy sy'n mynd i gario'r arch neu fynd yn hers y teulu. Efallai ei bod hi'n well derbyn na fydd neb ar ei orau ar ddiwrnod mor drist a cheisio codi uwchlaw'r cyfan.

Ymgolli yn eich colled chi'ch hun

Mae hyn yn anodd. Mae'n amlwg ei bod hi'n briodol cydnabod rhinweddau eich anwylyd a faint roedd yn ei olygu i chi, ond peidiwch ag ildio i'r demtasiwn i roi eich hun yng nghanol popeth. Mae hyn yn digwydd mewn angladdau pan fydd perthnasau agos yn gorfod cysuro a sychu dagrau pobl dan deimlad nad oedden nhw mor agos at yr ymadawedig.

Croesi'r ffordd

Mae dweud wrth rywun eich bod chi'n meddwl amdano'n gariadus, a chynnig cymorth ymarferol iddo, yn sicr yn well na chroesi'r ffordd er mwyn osgoi gorfod ei wynebu a chwilio am eiriau.

Gofyn pam mae mor bryderus

Gyda marwolaeth a galar, mae pawb yn ymwybodol o ddifrifoldeb y sefyllfa. Ond pan fydd rhywun yn cael trafferth ymdopi o dan bwysau baich gwahanol, dydy hi'n helpu dim i ddweud wrtho nad yw ei broblem mor fawr ag y mae'n ei feddwl. Parchwch beth bynnag sy'n pwyso ar feddwl rhywun bob amser.

Dweud rhywbeth er mwyn ei ddweud

Mae gwrando yn bwysig; bydda i'n anghofio hyn yn aml yn fy awydd i geisio gwneud i rywun deimlo'n well, i ddangos iddo fy mod yn deall, neu i gynnig cyngor ymarferol nad yw wedi meddwl amdano. Roedd ffrind a wirfoddolodd i'r Samariaid yn teimlo bod yr hyfforddiant gwrando gweithredol yn ddefnyddiol ar gyfer bywyd. Doedd hi ddim yno i farnu nac i gynnig atebion, dim ond i wrando.

Dwi'n hoffi'r syniad o gydymdeimlad tawel, un o gryfderau mawr Bobbie yn y nofel *The Railway Children*. Mae hi'n gwybod pryd mae pobl yn anhapus ac yn gwneud iddyn nhw deimlo eu bod yn cael eu gwerthfawrogi heb iddi orfod cydymdeimlo â nhw drwy'r amser.

Yn aml, mae pobl yn dweud pethau hurt neu ddifeddwl er mwyn cael rhywbeth, unrhyw beth, i lenwi'r distawrwydd. Efallai fod angen i ni dderbyn nad oes gennym ni'r grym i wella neb, ond y gallwn fod yno i'w garu.

Gwnewch hyn pan fydd y peth gwaethaf yn digwydd

Daliwch yn dynn. Yn anffodus, dydy bywyd ddim yn deg. Weithiau, does dim ystyr na phwrpas i'r hyn sy'n digwydd i ni neu'r rhai sy'n annwyl i ni. Yn syml iawn, gallwn fod yn y lle anghywir ar yr adeg anghywir. Peidiwch â gofyn, 'Pam fi?' Ond yn hytrach, 'Pam nad fi?' Mae'n greulon. Mae'n brifo cymaint. Mae'r boen y tu hwnt i ddychymyg.

Roeddwn i mor ddig gyda'r bobl a geisiodd ddweud wrtha i am bum cam galar. Sut allai neb wybod beth roeddwn i'n ei deimlo, neu geisio lleihau Matty a natur unigryw fy ngalar i amdano i weddu i ryw system neu'i gilydd? Doedd y camau hyn yn gwneud dim math o synnwyr i mi. Doeddwn i ddim yn teimlo 'mod i'n symud drwy broses. Nid oedd fy ngalar i yn llinell syth. Pan oeddwn i'n ei ddychmygu wedi'i ddarlunio ar y papur graff a oedd yn cofnodi tymheredd Matty yn yr ysbyty, nid llinell yn codi'n raddol oedd y galar ond cyfres o symudiadau igam-ogam ffyrnig. I mi, roedd galar yn teimlo fel *roller coaster* diddiwedd a oedd yn troi'n ddisymwth i gyfeiriadau newydd o hyd. Neu geffyl gwyllt a oedd yn gorffwys weithiau ac yn gadael i mi fynd ar ei gefn cyn deffro eto, yn benderfynol o'r newydd i fy nhaflu oddi arno.

Yn ddiweddar, fe benderfynais edrych ar y camau hynny, gan ddisgwyl gweld yr holl ddiffygion ynddyn nhw. Yn lle hynny, gan nad yw dicter a dryswch yn fy llethu bellach, dwi'n gallu gweld nad ydyn nhw i fod i gael eu dehongli fel cynllun unffurf sy'n addas i bawb, ond yn hytrach fel arweiniad defnyddiol i rai o'r ffyrdd y mae galar yn effeithio arnom. Mae profi galar am y tro cyntaf yn debyg i gyfarfod â gefell cas y broses o syrthio mewn cariad. Mae'n teimlo braidd yn wallgof, ac rydym yn meddwl nad oes neb erioed wedi teimlo'r un fath â ni. Ond, wrth gwrs, maen nhw.

Gwadu, dicter, bargeinio, iselder, derbyn. Ddigwyddon nhw ddim mewn rhyw lawer o drefn i mi, ond rŵan dwi'n gallu gweld eu bod yn hawdd eu hadnabod ac yn berthnasol i unrhyw fath o golled. Rydym yn gwrthod credu ei fod wedi digwydd, rydym yn ddig wrth fyd sydd wedi caniatáu iddo ddigwydd, rydym yn parhau i feddwl am bethau a allai fod wedi ei atal rhag digwydd, ni allwn weld unrhyw bwynt na pherthnasedd i boeni am ddim byth eto ac yn y pen draw, y pen draw un, rydym yn derbyn – nid yr hyn sydd wedi digwydd, ond bod bywyd yn dal yno i'w fyw.

Pe bawn i'n gallu teithio'n ôl mewn amser a rhoi cyngor i mi fy hun a minnau'n iau, fyddwn i ddim yn cuddio bodolaeth y byd newydd hwn o ddioddefaint, ond fe fyddwn yn ei hannog i ddysgu cydnabod ei hysfa i ddianc rhag poen ac i geisio'i gwrthsefyll. Fe fyddwn yn dweud wrthi nad oes dim byd o'i le mewn gwewyr, dim cywilydd o fath yn y byd, ac yn y pen draw, byddai'n well cydnabod hynny rŵan. Byddwn yn addo wrthi na fydda i'n teimlo fel hyn am byth.

Dydw i erioed wedi deall y syniad fod amser yn iachäwr heb ei ail; y cyfan wnes i erioed oedd ceisio dal fy nhir ac aros i amser fynd heibio neu feddwl am rywbeth arall, ond nid hynny oedd y pwynt. Nid amser ei hun sy'n iacháu, ond sut y byddwch chi'n ei lenwi. Fel y dywed fy ffrind Dawn, 'Mae amser yn iacháu, ond yn ffycin araf.'

Yn ddiweddar, dywedodd fy mam rywbeth wrtha i nad oeddwn i'n ei wybod cynt. Ar ôl i Matty gael ei daro, roedd hi'n arfer mynd ar ei phen ei hun i lawr at yr afon ac yno, ar lannau'r Ouse, byddai'n beichio crio. Yna byddai'n dod yn ôl a bwrw ymlaen â'r hyn roedd angen ei wneud. Roedd hi'n gadael i'w hun deimlo'i dicter, ond yn gwneud hynny mewn ffordd nad oedd yn gwneud pethau'n waeth.

Doeddwn i ddim yn gallu diodde'r boen o golli fy mrawd, felly fe wrthodais ganiatáu i amser wneud ei waith a threuliais ddegawd yn feddw. Yna rhoddais y gorau i feddwi cymaint a chanolbwyntio fy egni ar weithio. Mae gwaith, yn debyg iawn i alcohol, yn ffordd dda o osgoi delio â phoen. O'r diwedd, dwi wedi rhoi'r gorau i ddianc neu i foddi fy nheimladau ac wedi caniatáu i mi fy hun ddod i adnabod emosiynau tywyllach tristwch, dicter, ofn a chywilydd. Gydag amser, dwi wedi dechrau teimlo'n well.

Rhaid cofio nad salwch yw tristwch na thorri'ch calon oherwydd colled. Mae'n rhan o fod yn ddynol. Roeddwn i'n arfer bod yn ddig gyda galar ac yn ei weld fel nam yn y natur ddynol. Allwn i ddim deall maint fy ngalar ar ôl Matty, allwn i ddim gweld pwrpas yn y miliynau o ddagrau a gollais.

Pan oedd Matty a minnau'n fach ac yn trio ymbalfalu ag ystyr cariad, ein penderfyniad ni oedd ei fod yn golygu y byddech yn crio petai rhywun yn marw. Ac efallai mai dyna beth ydy o. Roeddwn i'n ei garu, fe fu farw, ac fe dreuliais flynyddoedd yn crio.

Mae gen i barch o'r newydd at alar a pharch o'r newydd hefyd tuag ata i fy hun fel rhywun sy'n teithio drwyddo. Roeddwn i'n arfer ofni caru pobl oherwydd roeddwn i'n meddwl na fyddwn i'n gallu byw ar ôl eu colli. Ond rŵan dwi'n gweld bod gwneud ffrindiau gyda galar, ei dderbyn fel rhan o'r cyflwr dynol, yn fy rhyddhau i garu mwy nag erioed, a bod y cariad hwnnw bob amser yn werth y galar.

Dwi'n un o bob pedwar

Mewn rhai achosion, mae colled a thrawma yn gallu effeithio ar ein hiechyd meddwl. Does dim rheswm bob amser am broblemau iechyd meddwl na dim byd i'w sbarduno – mae'n gwbl bosib bod yn wallgof heb alar, yn wallgof oherwydd galar neu alaru heb wallgofrwydd. I mi, mae cysylltiad wedi bod rhyngddyn nhw erioed.

Yn ôl yr elusen iechyd meddwl MIND, bydd un person o bob pedwar yn dioddef salwch meddwl eleni. Ers dysgu hyn, dwi wedi bod yn edrych o 'nghwmpas i mewn sefyllfaoedd cymdeithasol ac yn meddwl tybed ble maen nhw.

Dychmygwch stadiwm bêl-droed lawn, stryd orlawn neu'r llawr uchaf ar fws prysur, a bod un person o bob pedwar yn gwisgo rhwymyn mawr ar ei ben. Fe fyddech yn ei weld ar unwaith. Pe bai gennych chi eich rhwymyn eich hun,

byddai digon o bobl eraill y gallech chi rannu ambell wên
o gydymdeimlad â nhw, a dangos ambell fflach o empathi.
Efallai y gallech hyd yn oed gymharu hyd neu arddull clymu'r
rhwymyn neu ofyn iddyn nhw sut maen nhw'n ymdopi, a oes
ganddyn nhw unrhyw awgrymiadau neu driciau defnyddiol.
Ond mae'r un hwn o bob pedwar bron yn gwbl anweledig.
Mae pob un ohonom yn rhygnu ymlaen ar ein pennau'n
hunain yn meddwl mai dim ond ni a phobl wirioneddol
loerig, cymeriadau mewn siacedi caethiwo mewn ffilmiau a
llenyddiaeth, ac ambell seléb sy'n codi ymwybyddiaeth o'r
pwnc, sy'n bod. Nid ydym yn sylweddoli pa mor gyffredin yw
hi i brofi cyfnod o salwch meddwl.

Mae un o bob pedwar yn nifer enfawr o bobl. Mae'n
golygu bod gan bob un ohonom gysylltiad agos â rhywun
sy'n cael anhawster gyda'i feddwl. Dwi'n credu bod gwybod
hynny'n gysur. Dydych chi ddim ar eich pen eich hun.
Dydych chi ddim yn arbennig nac yn ofnadwy; y cyfan ydych
chi yw un o bob pedwar.

Dwi'n un o'r un o bob pedwar. Profais fy nghyfnod cyntaf
o iselder pan oeddwn i'n 19 oed a dwi wedi'i brofi'n achlysurol
byth ers hynny, gydag ychydig o orbryder a dogn o byliau
panig a salwch seicosomatig yn britho'r cymysgedd.

Mae pobl yn aml yn gofyn i mi a yw fy anawsterau iechyd meddwl yn ganlyniad uniongyrchol i'r hyn a ddigwyddodd i fy mrawd i, neu a fyddwn i wedi cael problemau beth bynnag. Mae'n gwestiwn da a dydw i ddim yn gwybod yr ateb iddo. Doeddwn i erioed wedi cael profiad o iselder cyn y ddamwain, ond 17 oed oeddwn i bryd hynny a doeddwn i ddim yn fy adnabod fy hun go iawn. Pan oeddwn i'n 19 oed, cefais ddiagnosis o anhwylder pryder wedi trawma, sydd ag iselder a gorbryder ymhlith ei symptomau, ac roedd hwn fel petai'n addas ar y pryd. Yn ddiweddarach, dechreuais amau cywirdeb y diagnosis: does bosib y dylai'r symptomau barhau. Mae'n rhaid bod rhywbeth arall, rhywbeth gwahanol yn bod arna i.

Mae ysgrifennu am iselder yn anodd. Pan fydda i yn ei ganol, mae popeth i'w weld yn ddibwys ac mae'n amhosib dod o hyd i'r egni angenrheidiol i roi gair ar bapur. Pan mae drosodd, mae rhyw wead breuddwydiol rhyfedd iddo ac alla i mo'i gofio. Dwi'n ofergoelus amdano hefyd. Dydw i ddim yn siŵr 'mod i eisiau ei gofio'n ddigon da i ysgrifennu amdano, oherwydd dydw i ddim am fy atgoffa fy hun o'r teimladau.

I mi, mae iselder yn gybolfa dywyll a thrwchus o syrthni, anobaith ac oferedd. Mae pobl eraill yn sôn am gŵn du, ond tywydd a phwysau yw fy iselder i. Dwi'n gaeth mewn niwl, tarth, caddug, mwg a chymylau. Dwi'n teimlo'n drwm, fel pe bai pwysau anweledig yn sownd am fy nghoesau. Weithiau, dwi'n teimlo fy mod yn cael fy mhinsio a fy mwlio gan fysedd ysbryd sy'n chwistrellu plwm i fy ngwythiennau, gan wneud fy ngwaed i'n drwm. Ar adegau eraill, dwi'n teimlo fy mod i'n mygu, fel pe bawn i wedi syrthio ar fy wyneb i mewn i domen fawr lwyd o falws melys ac yn methu codi. Unwaith, cefais freuddwyd fy mod i mewn canolfan chwarae meddal gyda fy mab, ond roedd y peli plastig i gyd yn ddu ac yn llwyd, a minnau wedi fy nghladdu oddi tanyn nhw yn methu symud nac anadlu.

Pan dwi'n isel fy ysbryd, dydw i ddim hyd yn oed yn gallu gweld rheswm dros fy modolaeth. Dwi'n berson di-werth sydd rywsut wedi twyllo pobl eraill i fod yn hoff ohono i, ac yn ei chael yn hawdd credu y byddai fy annwyl fab a'r byd yn gyffredinol yn well lle hebddo i. Dwi wedi dysgu, fodd bynnag, i beidio â gadael i'r ffordd yma o feddwl fy nhynnu i lawr yn bellach. Dwi wedi dysgu dweud wrthyf fy hun, 'Iselder yw hyn; mae iselder yn dweud celwydd, ac os ydw i'n i dal ati, fe fydd y gwynt yn troi ac fe fydda i'n teimlo'n wahanol.'

Yng nghanol y cyfan, yr unig beth dwi eisiau ei wneud yw cuddio o dan y dillad gwely mewn ystafell dywyll. Ac eto, os oes gen i reswm digonol – dyletswydd tuag at rywun arall, fel arfer – mae'n ymddangos bod gen i ryw gryfder nad ydw i'n ymwybodol ohono sy'n fy ngalluogi i godi ac i wynebu'r byd. Dwi wastad yn teimlo'n well pan dwi'n symud; dechrau symud ydy'r broblem.

Un ffordd o basio'r amser yw gwrando ar lyfrau llafar o dan y dillad gwely, a dwi wedi darganfod y gallwch newid y cyflymder, ei gynyddu neu ei leihau naill ai o chwarter neu o hanner. Dyna sut rydw i'n teimlo. Fel petai'r bysedd myglyd hynny wedi cael gafael ar fwrdd rheoli fy modolaeth ac yn gwneud i mi arafu, gam creulon wrth gam. Nid sefyllfa ddu a gwyn mohoni, lle dwi'n iach neu'n isel. Mae'n debycach i risiau neu droell. Wrth i'r hwyliau waethygu, dwi'n teimlo fel tegan â'i fatri'n marw. Dwi ddim yn gallu gweithredu hyd eithaf fy ngallu.

Mae gorbryder yn greadur gwahanol. Y tro diwethaf iddo daro, sylwais i ddim am dipyn, gan feddwl 'mod i wedi cael rhyw fath o haint. Roeddwn i wedi bod ar fin chwydu ers sawl diwrnod, a dim ond pan ddechreuodd fy mrest i fynd mor dynn nes imi feddwl 'mod i'n datblygu asthma y sylweddolais beth oedd arna i mewn gwirionedd. Aaa, gorbryder. Mae'n hen beth annymunol iawn ond dydw i ddim yn ei ofni fel dwi'n ofni iselder. Dwi'n gwybod fy mod i'n gallu dioddef gorbryder a llacio'i afael ynof yn raddol drwy fyw'n iach a gwneud digon o ymarfer corff. Dydy o ddim yn fy rhwystro rhag bod yn gynhyrchiol; yn rhyfedd ddigon, daw â rhyw egni gwyllt yn gwmni iddo. Mae'n gwneud i mi deimlo'n annymunol, bydd fy nwylo'n chwyslyd a bydd gen i flas metelig yn fy ngheg, a bydda i'n argyhoeddedig fod arogl sur ar fy nghorff. Ond yn wahanol i iselder, dwi bob amser yn teimlo'n fyw, hyd yn oed wrth i mi gael trafferth anadlu.

Yn ffodus, dydw i ddim yn goranadlu mwyach; dwi fel arfer yn gallu rheoli'r pyliau o banig drwy anadlu. Mae'r syndrom coluddyn llidus a oedd yn fy llethu yn ystod fy ugeiniau yn perthyn i'r gorffennol. Cefais sioc y tro cyntaf i rywun awgrymu ei bod hi'n bosib mai achosion seicolegol oedd wrth wraidd fy symptomau corfforol. Roedd yr holl brofion meddygol wedi methu, ond fe wellais drwy weld therapydd ac archwilio'r teimladau o euogrwydd fy mod i'n dal i allu mynd allan i'r byd ond nad oedd fy mrawd i'n gallu gwneud hynny.

Felly, pam oeddwn i'n cadw'r peth yn gyfrinach? Pam mae'r fath stigma'n bod? Pam mae cyfaddef hyn oll yn gwneud i mi deimlo'n nerfus, yn gwneud i mi deimlo fy mod i'n cyfaddef rhywbeth mewn ffordd wahanol i gyfaddef bod gen i gefn poenus neu wlser yn fy stumog?

Dwi'n dweud celwydd drwy'r amser ynglŷn â sut rydw i'n teimlo ac wedi gwneud hynny erioed. Ymhell cyn i mi brofi iselder, roedd ymddangos yn normal yn hynod o bwysig i mi. Fel llawer o blant, roeddwn i eisiau bod yn un o'r criw yn hytrach na bod yn wahanol neu edrych fel rhyw greadures ryfedd. Fe godod yr anonestrwydd emosiynol hwn i'r entrychion pan gafodd Matty ei daro. Yn wyneb y drasiedi honno, roedd cwyno am fy anawsterau i yn teimlo'n hynod amhriodol.

Dwi'n dal i deimlo fel pe bawn i'n gaeth i'r syniad ei bod hi'n annerbyniol ac yn hunanfaldodus i mi deimlo trallod o unrhyw fath. Bellach, gyda sianeli newyddion 24 awr yn hybu ymwybyddiaeth gynyddol o ddioddefaint ym mhob cwr o'r byd, dwi'n teimlo hyd yn oed yn fwy ymwybodol 'mod i mor lwcus. Cefais fy ngeni i rieni cariadus mewn rhan gymharol ddiogel a ffyniannus o'r byd ac roedd gennym bob amser ddigon i'w fwyta. Mae gen i bartner caredig, plentyn iach a dwi'n gwneud gwaith sy'n uchel ei statws, sy'n rhoi boddhad i mi. Mae gen i gywilydd mawr am fy anallu i deimlo'n fodlon.

Fyddwn i byth yn barnu neb arall a oedd yn dioddef

iselder – dwi'n deall nad yw'n rhesymegol – ond dwi'n hynod o feirniadol ohono i fy hun oherwydd fy anallu i fod yn hapus. Dwi'n dychmygu'r heriau sy'n wynebu menywod eraill sy'n famau i fechgyn bach, sut beth yw bod yn ffoadur yn trio mynd â'ch plant i le diogel, a dwi'n fy nghasáu fy hun am beidio â gwerthfawrogi pa mor ffodus yw fy sefyllfa bersonol i.

Mae gen i ofn trafod hyn oherwydd fy mod i'n dychmygu lleisiau dilornus yn gweiddi: 'Problemau'r byd cyntaf! Beth sydd gen ti i boeni amdano?' Dwi'n ofni na fydd gen i ddigon o egni i ymdopi â beirniadaeth pobl eraill ac y bydd fy hwyl yn troelli ar i lawr nes na fydd yn gallu mynd ddim is.

Mae iselder yn anodd ei esbonio, yn enwedig pan fyddwn ni yn ei ganol. Mae fy ngallu ieithyddol arferol yn diflannu wrth i fy ymennydd droi'n wlân cotwm ac mae fy nhafod yn teimlo'n drwchus yn fy ngheg.

Fe rois i gynnig unwaith ar therapi grŵp. Roedd wyth ohonom yn eistedd mewn cylch mawr. Y peth cyntaf roedd yn rhaid i ni ei wneud oedd dweud pam roedden ni yno wrth y person agosaf atom. Dyn tua'r un oed â mi oedd fy mhartner i. Roedd yn rhaid i mi fynd yn gyntaf ac fe wnes i fwmian ychydig am alar cyn dweud fy mod yno oherwydd bod rhywun wedi awgrymu y gallai prosesu fy mhoen helpu

gyda fy nhueddiad i ddioddef iselder. Pan ddaeth ei dro o,
soniodd fod ei wraig wedi ei adael am rywun arall a'i bod
eisiau symud i ochr arall y wlad gyda'u dwy ferch. Roedd wedi
gwneud popeth o fewn ei allu i ddarparu ar eu cyfer a doedd
o ddim yn deall pam nad oedd hi wedi gwerthfawrogi hynny.
Doedd o ddim yn cysgu. Roedd o eisiau i bopeth fynd yn ôl i
fod fel roedden nhw. Ymdawelodd, yna edrych arna i a dweud,
'Dwi'n siŵr nad wyt ti'n teimlo cynddrwg am dy iselder rŵan,
wyt ti?'

Fe gymerodd hi eiliad neu ddwy i mi sylweddoli ystyr
ei eiriau, ei fod yn amlwg yn ystyried iselder yn anhwylder
moethus i bobl heb broblemau go iawn. Roedd wedi llunio
hierarchaeth o ddioddefaint ac wedi fy rhoi i ar y gwaelod. Y
prif beth a ddangosodd hyn i mi oedd nad oedd o erioed wedi
bod yn isel ei ysbryd, gan na fyddai neb a oedd erioed wedi
profi iselder byth yn trio'i gymharu ag unrhyw beth arall.

Wrth feddwl am y sgwrs fach hon yn ddiweddarach, dyma
sylweddoli un o gylchoedd dieflig iselder. Po fwyaf isel rydych
chi'n teimlo, lleiaf galluog rydych chi i gyfathrebu'n effeithiol,
gan ei gwneud hi'n fwy tebygol y bydd rhywun yn dweud
rhywbeth anystyriol neu greulon wrthych chi. Doeddwn i
ddim yn dal rhyw lawer o ddig wrth y sgwrs, gan nad oeddwn

yng nghanol pwl o iselder ar y pryd – roedd gen i gefnogaeth gadarn, ac roeddwn i'n teimlo'n flin dros y dyn yma a oedd yn amlwg ar chwâl ac yn methu deall pam roedd ei fywyd yn chwilfriw. Ond beth petai rhiant, cariad, cyfaill neu fôs wedi ymateb felly? Beth petai hwnnw y tro cyntaf i mi grybwyll fy iselder yn agored wrth unrhyw un? A fyddwn i'n teimlo fel pe bawn i wedi fy mychanu ac wedi fy amharchu a hyd yn oed yn fwy tebygol o gropian yn ôl i guddio dan y dillad gwely a pheidio â dod allan eto? Mae sôn fy mod i'n un dda am drin geiriau, cofiwch, ond dwi'n dal i gael trafferth gyda'r holl fusnes.

O safbwynt ymarferol, greddf ddynol yw cuddio unrhyw wendid rhag y bobl o'n cwmpas. Rydym yn dymuno ymddangos yn ddigon galluog i wneud ein swyddi, gofalu am ein hanwyliaid a goroesi. Rydym am gael ein hystyried yn bobl deilwng a defnyddiol. Dyma pam mae mynd allan ac wynebu'r byd fel aelod o'r un o bob pedwar yn weithred o ddewrder.

Ar ddamwain y 'des i allan' am y tro cyntaf. Roeddwn i wedi sôn mewn fideo am bleserau a manteision darllen, un o'r pethau hynny pan ydych chi'n siarad am gyfnod hir am amrywiaeth o themâu a'r cynhyrchwyr yn defnyddio ambell frawddeg yn unig.

Wrth i mi wylio fy hun ar y sgrin yn dweud mai darllen oedd fy unig gysur yn ystod adegau tywyll, ei bod hi'n haws i mi ddelio â llyfrau nag â bywyd, sylweddolais y byddai unrhyw un sy'n deall unrhyw beth am iselder yn gwybod am beth roeddwn i'n sôn. Ar ôl pwl o ofn i ddechrau, dechreuais deimlo rhyw ryddhad rhyfeddol.

Dwi'n hoffi bod hyn bellach yn wybodaeth gyhoeddus ac yn credu bod y manteision i mi o deimlo'n ddilys, o beidio â gorfod gwastraffu fy holl egni ar esgus bod yn wahanol i'r fi go iawn, yn werth chweil. Ond hyd yn oed ymhlith yr un o bob pedwar, dwi'n gwybod ei bod hi'n fraint fy mod i'n 'gweithredu ar lefel uchel' ac yn gwybod nad ydw i byth yn berygl, na hyd yn oed yn drafferth, i neb ond i mi fy hun. Dwi hefyd yn lwcus fy mod i'n gweithio ym myd llyfrau – mae'n ddiwydiant hynod o eangfrydig a goddefgar. Roeddwn i'n sôn am hyn wrth ffrind sydd â swydd bwysig yn Ninas Llundain. Dywedodd wrthyf y byddai'n amhosib iddo sôn wrth unrhyw un o'i gyd-weithwyr am ei OCD a'i orbryder. Byddai ei yrfa ar ben.

Mae hyn mor drist, oherwydd yr eironi enfawr yw bod cadw rhywbeth yn gyfrinach yn tueddu i ychwanegu at y broblem a dwysáu ein cywilydd. Nid ydym yn dymuno codi cywilydd ar bobl na gwneud iddyn nhw deimlo'n bryderus nac yn ddiflas, felly rydym yn creu fersiwn ohonon ni'n hunain i gyd-fynd â'r hyn rydyn ni'n credu y bydden nhw am ei weld. Rydym yn canolbwyntio'n holl ymdrechion ar gyfleu delwedd ffug yn hytrach na byw yn driw i'r hyn ydyn ni. Ac mae'n gwneud i ni deimlo'n waeth, yn rhannol oherwydd bod cynnal yr wyneb ffug yn llyncu cymaint o'n hegni fel nad oes fawr ddim ar ôl ar gyfer dim byd arall. Os nad ydym yn credu ein bod yn real, mae'n hawdd negyddu unrhyw hoffter mae eraill yn ei ddangos tuag atom, a daw'r hen lais bach cas yn y glust i sibrwd, 'O ie, tasech chi ond yn gwybod sut un ydw i go iawn...'

Pan benderfynais i fod yn onest ynghylch fy ngorbryder, dechreuodd pethau wella ar unwaith. Gofynnodd ffrind i mi sut hwyl oedd arna i ac ar ôl oedi, yn hytrach na dweud, 'Iawn,' dywedais, 'Wel, mae popeth yn fy myd yn dda ac yn gyffrous a dwi'n gwybod pa mor ffodus ydw i, ond dwi'n teimlo'n hynod o orbryderus a dydw i ddim wedi teimlo mor lloerig â hyn ers blynyddoedd.' Am eiliad, fe feddyliais, A fydd hon yn ei heglu hi? Ond wnaeth hi ddim, wrth gwrs; gwenodd arna i'n garedig a rhoddodd ei llaw yn ysgafn ar fy mraich, ac roeddwn i'n teimlo ychydig bach yn well. Felly, y tro nesaf i rywun holi sut hwyl oedd arna i, dyma wneud yr un peth a chael gwên arall a llaw ar fy mraich, ac roeddwn yn teimlo ychydig bach yn well eto.

Y diwrnod o'r blaen, roeddwn i'n gwneud pos jig-so gyda fy mab, llun hyfryd o adar ac anifeiliaid lliwgar, a sylweddolais fy mod i'n teimlo fymryn fel jig-so. Weithiau, dwi'n gyflawn ac weithiau dwi'n ddarnau ar wasgar. Wrth i mi gymharu'r llun ar y bocs â'r darnau roeddem yn eu trefnu ar y bwrdd, dechreuais feddwl eto am ddelweddau gwir a ffug ohonon ni'n hunain. Pan nad ydw i'n teimlo fel fi fy hun, mae llai o gysylltiad rhyngddo i a'r ddelwedd dwi'n ei chyfleu – y llun ar flaen fy mocs i – ac felly mae'n anoddach fy nal fy hun ynghyd ac yn fwy tebygol y bydda i'n dechrau torri'n ddarnau.

Mae llawer o iaith salwch meddwl yn iaith dadfeilio. Torri i lawr. Efallai fod torri i lawr yn debycach i chwalfa. Chwalfa'r hunan.

Gwyddom mai'r peth gwaethaf i'w ddweud wrth berson isel ei ysbryd yw y dylai ddod at ei goed; mae hynny'n gyngor gwael, ond nid dyna'r broblem – y broblem yw nad ydym yn gwybod sut mae gwneud hynny. Mae wedi cymryd ugain mlynedd i mi sylweddoli mai proses o ddatgymalu ac ailadeiladu yw iselder ysbryd. Mae fy jig-so yn sgathru ar hyd y llawr ac yna, yn y pen draw, dwi'n fy ail-greu fy hun o'r newydd.

Ar ddiwedd pob pwl, dwi'n teimlo'n wahanol ac yn gryfach. Dydw i ddim yn teimlo hyn pan fydda i yn ei chanol hi – does dim dathlu fy mod ar drothwy cyfnod hyfryd o hunanddatblygu, o gyfarfod â fersiwn well, wedi'i hadnewyddu ohono i fy hun. Ond alla i ddim meddwl am un achlysur pan nad oeddwn i'n teimlo'n well nag oeddwn i cyn hynny, er nad oeddwn i'n deall hynny ar y pryd.

Mae hwn yn ddatguddiad newydd a dwi'n chwilfrydig ac yn dawel obeithiol y gallai'r ffordd hon o feddwl fy helpu i osgoi dyfnderoedd iselder yn y dyfodol. Efallai, pe bawn i'n gallu gwastraffu llai o egni ar ofni a defnyddio mwy o egni i roi sylw i mi fy hun, y gallwn ganolbwyntio ar wneud y pethau hynny, pethau anniddorol yn aml, sy'n cadw fy hwyliau'n gytbwys.

Mae gwella o iselder yn gallu digwydd yn raddol. Weithiau mae'n ysblennydd ac yn gyffrous, yn debyg i raddau i wella o annwyd trwm a chofio peth mor wych yw anadlu. Pan fyddwch chi'n dod allan o'r caddug, wrth i'r niwl godi, rydych chi'n gwylio'r byd llwyd yn troi'n lliwgar o flaen eich llygaid. Mae popeth yn llawn addewid. Mae croen *aubergine* yn gampwaith celfyddydol, y ffordd mae teclyn agor tun yn tynnu'r caead oddi ar dun yn gampwaith peirianyddol. Dwi'n cael ysfa i redeg i bob cyfeiriad, yn pwyntio at bethau. Am glyfar! Am brydferth! On'd ydy pobl yn garedig?

Roeddwn i'n teimlo mor dda pan orffennais ysgrifennu fy llyfr cyntaf, fe ddisgynnais i'r fagl o gredu 'mod i wedi fy ngwella fy hun am byth. Pan ddaeth hi'n amlwg nad oedd hyn yn wir, roedd hi'n teimlo'n bwysicach nag erioed i mi ddarganfod beth oedd o'i le. Os oedd popeth yn digwydd oherwydd y ddamwain, ac mai anhwylder straen wedi trawma oedd hyn mewn gwirionedd, yna efallai y gallwn obeithio y byddai'n gwella rhyw ddydd. Neu os oedd diagnosis gwahanol i'w gael, efallai fod pilsen ar gael a allai fy helpu.

Canolbwyntiais fy ymdrechion ar ymchwil, dechreuais gyfnod gorffwyll o hunanarchwilio a holi fy mherthnasau'n dwll am hanes ein teulu. Dysgais lawer ar hyd y ffordd, ond yn bwysicaf oll, dysgais mai ychydig iawn o atebion pendant sydd ar gael. Mae gan feddygon a therapyddion safbwyntiau gwrthgyferbyniol nid yn unig amdana i, ond hefyd am bopeth sy'n ymwneud ag achosion iselder a sut i'w drin. Dydy'r cwestiwn am dueddiad problemau iechyd meddwl i fod yn un genetig ddim yn hawdd i'w ateb hyd yn oed. Does dim

prinder salwch meddwl yn nheulu fy nhad – dywedodd un o
fy nghyfnitherod ei bod hi bob amser wedi meddwl am iselder
fel melltith ein teulu – ond roedd llawer o'r rhai a oedd â
phroblemau iechyd meddwl yn byw bywydau anodd ac roedd
ganddyn nhw feichiau trwm. Pwy sydd i ddweud nad oedd eu
problemau nhw'n bod oherwydd trawma yn hytrach nag yn
gynhenid?

Un diwrnod, wrth ddisgwyl am apwyntiad gyda'r meddyg
teulu, sylwais fod yr ystafell yn llawn pobl a oedd yn edrych
fel petaen nhw mewn mwy o angen am ofal na mi. Dyma
amau pam roeddwn i yno. Oedd, roedd fy iselder wedi
parhau'n hirach nag arfer, ond pam ddylwn i gymryd amser y
meddyg pan oedd cymaint o bobl yn waeth eu byd? Roeddwn
i'n eistedd wrth ymyl gwraig fregus gyda bochau suddedig,
heb aeliau, a oedd yn gwisgo sgarff am ei phen. Edrychais o
gwmpas ar y plant cwynfanllyd, y rhieni dan straen, a'r bobl
oedrannus a oedd yn ei chael hi'n anodd eistedd a chodi o'u
seddau, a theimlwn gywilydd. Teimlais awydd i ddianc. Yna
sylweddolais yn sydyn na fyddwn i'n chwarae'r gêm gymharu
hon pe bai gen i salwch corfforol. Pe bawn i wedi torri fy
nghoes, fyddwn i ddim yn lladd arna i fy hun oherwydd bod
rhai pobl wedi gorfod colli coes. Oni fyddai'n dda o beth pe

gallem drin ein hiechyd meddwl fel ein hiechyd corfforol? Ein trin ein hunain fel pe bai gowt neu glefyd y gwair arnon ni?

Arhosais ar gyfer fy apwyntiad a chrio dros fy meddyg hyfryd, a oedd yr un mor garedig tuag ata i ag y mae hi bob amser. Llongyfarchodd fi ar fy nhechnegau hunanreoli, dywedodd y dylwn barhau â fy therapi i drin trawma ac y dylwn ddod yn ôl ati a pheidio byth â theimlo'n wael am gymryd ei hamser.

Wrth gerdded adref, penderfynais roi'r gorau i wahaniaethu rhwng fy iechyd meddyliol a fy iechyd corfforol. Mae gwendid yn fy ffêr dde ers i mi syrthio ar risiau'r llyfrgell pan oeddwn i'n ugain oed. Dydw i ddim yn treulio amser yn hel meddyliau ynghylch pam y syrthiais neu a gefais y driniaeth orau ai peidio; dwi'n gwybod nad ydw i'n gallu gwisgo sodlau uchel, mae'n debyg nad yw neidio o awyren yn hobi synhwyrol a dwi'n gwisgo rhwymyn am fy ffêr pan fydd angen un. Dydy hyn ddim yn achosi unrhyw ddioddefaint emosiynol i mi.

Efallai y byddai'n ddefnyddiol dechrau trin fy meddwl fel pe bawn i'n trin fy nghroen. Fi oedd y cyntaf yn fy mlwyddyn yn yr ysgol gynradd i gael acne a chefais y llysenw Smotyn. Yn ffodus, collodd yr enw ei sglein wrth i bawb arall gael acne hefyd. Er i'r cyflwr ddechrau mor gynnar, doedd o erioed yn ddigon drwg i mi gael fy ngalw'n Wyneb Pizza neu'n Ben Ploryn. Ond mae'r acne wedi parhau hyd y dydd heddiw, heb erioed ddiflannu'n llwyr. Dwi wedi cael triniaethau meddygol ond doedden nhw ddim yn gweithio neu doeddwn i ddim yn hoffi'r sgileffeithiau. Dros y blynyddoedd, dysgais fod pobl yn fy ngharu er gwaethaf fy nghroen ac fe ddes innau'n well am ofalu amdano. O ran ein croen, rydym i gyd yn deall bod pawb yn wahanol, efallai y bydd angen dermatolegydd ar rai, ychydig o Clearasil ar eraill, a'r lleill yn cael budd o fwyta llai o siwgr a chael mwy o awyr iach.

Fe allai hon fod yn ffordd dda i bob un ohonom ystyried ein hiechyd meddwl, waeth a ydym yn un o'r un o bob pedwar ai peidio. Rhan arall o'r corff yw'r meddwl, dim mwy, dim llai. Mae'n gweithio'n galed, yn haeddu gofal ac ni ddylen ni deimlo cywilydd fod angen rhoi rhywfaint o sylw iddo.

Sut i deimlo'n well

·

Y cam mawr i mi deimlo'n well oedd derbyn fy mod i'n haeddu gwneud hynny. Fe wnes i ymdrech ymwybodol i gael gwared ar yr euogrwydd a'r cywilydd ac yna delio â fy lles yn yr un ffordd ag y byddwn yn bwrw iddi gyda phrosiect yn fy ngwaith, gan ystyried fy opsiynau a meddwl am bwy allai fy helpu. Penderfynais geisio cefnogaeth broffesiynol a chefais gwrs o therapi dadsensiteiddio ac ailbrosesu symudiadau'r llygaid (EMDR: *eye movement desensitization and reprocessing*), sy'n cael ei ddefnyddio i drin anhwylder straen wedi trawma. Teimlais ei fod yn ddefnyddiol i mi o'r sesiwn gyntaf ac roeddwn wrth fy modd gyda fy therapydd ffraeth a doeth. Datblygwyd EMDR i ddechrau i drin cyn-filwyr. Y syniad yw nad ydym yn prosesu cof yn iawn yn ystod cyfnodau o drawma a'i fod yn mynd yn sownd.

Dwi'n gwybod nad oes angen therapi ar bawb ac nad yw pawb yn ddigon ffodus i allu cael gafael arno, ond mae'n fy nhristáu bod rhai'n methu manteisio arno oherwydd nad ydyn nhw'n meddwl ei fod yn addas iddyn nhw. Dwi'n hapus i gyfaddef i mi gael therapi – dwi wedi cael llawer o therapi – hyd yn oed pe na bai ond er mwyn normaleiddio'r syniad ohono.

Ond mae ffynonellau eraill o gymorth ar gael hefyd, a rhan allweddol o fy ymgais i deimlo'n well oedd mynd i'r afael â phopeth gyda meddwl agored. Ar ôl blynyddoedd o wneud hwyl am ben ymwybyddiaeth ofalgar a myfyrio – dydw i ddim yn gwybod pam – dwi wedi eu derbyn a'u cofleidio ac maen nhw, ar y cyd â therapi, wedi fy helpu i ddeall sut i fy rheoli fy hun. Dwi'n trin fy meddwl fel plentyn bach afreolus na ddylai gael rhedeg yn wyllt. Dwi'n ei ddisgyblu'n garedig ond yn llym, heb roi lle i ddiogi nac i felodrama. Dwi wedi dysgu sylwi ar fy meddyliau a chymryd amser i gael fy ngwynt ata i cyn eu troi'n weithredoedd niweidiol.

Yn debyg i risiau, mae pethau'n mynd i fyny ac i lawr. Y nod gorau i mi yw ceisio aros ar y grisiau canol. Yn rhy uchel, bydda i'n disgyn yn bendramwnwgl. Yn rhy isel, bydd hi'n anodd imi godi eto. Dwi wedi mynd o deimlo'n rhwystredig nad oes atebion da i iselder ysbryd i deimlo rhyddhad ynglŷn â'r ffaith nad oes neb yn gwybod yn iawn. Efallai mai dicter a thristwch heb eu mynegi yw iselder, ac mai ofn wedi mynd dros ben llestri yw gorbryder. Bellach, dwi'n caniatáu i mi fy hun deimlo'n drist ac yn cofleidio teimladau tywyllach. Dwi'n treulio llai o amser yn ymladd iselder a mwy o amser yn trio bod yn ffrindiau ag o.

Dwi wedi dod yn llai caeth i bethau a dwi wedi cael cyfnodau o ymatal rhag alcohol, y cyfryngau cymdeithasol a newyddion. Mae hynny yn ei dro wedi dangos i mi pa mor beryglus ydyn nhw i gyd i'n lles ni. Dydw i ddim eisiau byw mewn twr ifori, felly dwi'n trio meddwl am ffordd o'u mwynhau yn achlysurol, ychydig bach ar y tro. Dyna'r peth rhyfedd am ddibyniaeth. Mae'n ymddangos eich bod yn gwneud fel y mynnoch, ond weithiau nid y chi sy'n mynnu. Ar hyn o bryd, dwi'n meddwl am alcohol fel pe bai'n ddiod hud. Mae'n wych ar gyfer ymlacio a chyfeillachu cymdeithasol, ond mae angen gofalu faint ohono dwi'n ei yfed.

Gydag alcohol neu unrhyw beth caethiwus arall, yr hyn dwi'n ei geisio yw dihangfa rhag poen, rhyw deimlad o esmwythyd ac o berthyn. Fel y dywedodd fy therapydd EMDR, 'Mamaliaid ydyn ni, a'n greddf ni yw cysylltu â phobl. P'un ai'n gwylio pornograffi neu'n chwarae tenis, mae pawb drwy'r amser yn trio cysylltu.' Roedd hyn yn help i mi weld sut roeddwn i'n hoffi'r teimlad tair diod hwnnw, pan dwi'n teimlo ychydig yn benysgafn a phawb o 'nghwmpas i'n dechrau siarad yn onest amdanyn nhw eu hunain. Gyda fflach o ysbrydoliaeth, sylweddolais y byddai fy chwant am alcohol yn pylu pe bawn i'n caniatáu i mi fy hun gael sgyrsiau ystyrlon heb ei gymorth. Erbyn hyn, dwi'n neidio o sgwrs ddibwys i sgwrs ddofn heb anogaeth diod neu ddwy, ac yn mwynhau gwybod ein bod ni i gyd megis darnau bach ym mhos mawr dynoliaeth. Mae pawb yn hoff o'r teimlad ein bod ni'n ffitio'n dwt ac yn daclus i ganol popeth o'n cwmpas.

Pan fydda i'n teimlo'r awydd i wneud rhywbeth dwi'n gaeth iddo, dwi'n dychmygu fy mod yn gi yn edrych ar gwningen. Roeddwn i'n arfer llamu ar ei hôl yr eiliad roeddwn i'n gweld un yn y pellter. Rŵan dwi'n gallu cydnabod bod fy nghlustiau wedi codi, cyn anadlu am ychydig neu oedi mewn rhyw ffordd arall, ac ystyried yn ofalus a ydy hi'n werth rhedeg ar ôl y gwningen heddiw ai peidio.

Dwi wedi dod yn fwy ymwybodol o fy sbardunau personol. Mae pen mawr fore trannoeth yn fy atgoffa o fod yn isel – y syrthni, y stumog wan, yr ysfa i deimlo'n well – ac mae gwybod hynny'n fy helpu i gadw at y llwybr cul o safbwynt alcohol. Mae bod yn ofnus yn fy atgoffa o orbryder – y galon yn curo ar ras, y teimlad o fod yn fyr fy ngwynt – felly dwi'n gofalu peidio â gwylio neu ddarllen pethau brawychus sy'n hybu teimladau o'r fath. Os ydw i'n gorfforol sâl neu'n oer am gyfnodau hir, mae fy hwyliau'n suddo a does dim diben rhoi sylw i'r parablu digalon yn fy mhen os ydw i wedi gorflino neu'n rhy lwglyd. Mae gwybod pryd i beidio â gwrando ar fy meddyliau ond yn hytrach ganolbwyntio ar ofalu amdana i fy hun yn beth mor syml, ond eto mor bwerus.

Ydy bywyd modern yn wael? Yn sicr, mae'n llawn o bethau moethus a heriau a fyddai y tu hwnt i ddychymyg ein cyndeidiau. Dwi'n hoff o ddychmygu fy hynafiaid pell yn eistedd o gwmpas y tân mewn ogof. Yn ddi-os, roedden nhw'n wynebu pob math o heriau sylweddol, ond iddyn nhw doedd holl greulondeb y byd ddim o fewn cyrraedd clic llygoden. Doedden nhw ddim yn gallu gweld negeseuon testun olaf pobl at eu mamau pan oedden nhw ar fin marw, na gwylio eiliadau olaf dyn a saethwyd gan yr heddlu a chlywed ei gariad yn beichio crio wrth iddo farw. Doedd ganddyn nhw ddim cyfryngau cymdeithasol, a'u goleuadau llachar yn cynnig dognau cyson o ddopamin i ymennydd ar chwâl. Doedd ganddyn nhw mo'r sŵn, y synnwyr o gael eu gorlethu, na phobl yn taro heibio i ddweud pa mor ddibwrpas, didalent, diddim neu anghywir oedden nhw. Nid ydym wedi'n creu i ymdopi â hyn oll yn cael ei drosglwyddo i sgrin sydd ynghyn drwy'r amser ac yn ein meddiant o hyd.

Wrth edrych yn ôl ar yr adegau yn fy mywyd pan aeth y cyfan yn drech na mi, dwi'n gweld bod gwylio'r ddau dŵr yn disgyn drosodd a throsodd, neu lifogydd yn Siapan yn sgubo tai ymaith, wedi cyfrannu at wneud cyflwr fy meddwl yn waeth. Mae'n gwneud i mi deimlo'n ofnadwy fy mod i'n gwrthod bod yn dyst i drasiedïau pobl eraill oherwydd fy mod i'n beth bach rhy fregus, ond mae'n rhaid i mi sylweddoli nad yw'n gwneud unrhyw les i'r byd os na alla i fyw ynddo.

Dwi'n gwybod un peth i sicrwydd – mae fy lefelau empathi i'n uchel. Dwi'n profi llawenydd a gofid pobl eraill drwy osmosis. Mae hyn yn ddefnyddiol ar gyfer darllen meddyliau ac ysgrifennu, ond mae'n rhaid i mi ofalu rhag fy ngorlwytho fy hun. Efallai fod hynny'n wir am bawb. Trawma dros eraill yw'r term a ddefnyddir i ddisgrifio beth all ddigwydd i ofalwyr, y rhai sy'n gweithio ar y rheng flaen wrth ddelio â thrasiedïau a dioddefaint. Mae gwylio a darllen y newyddion yn golygu efallai ein bod ni i gyd yn agored i drawma dros eraill. Nid ydym wedi'n creu i allu ymdopi â sianelau'n cystadlu am ein sylw ar ôl rhyw drasiedi enfawr. I aros yn gall, mae'n rhaid i mi gadw fy ffydd yn y ddynoliaeth, ac mae'n anodd gwneud hyn wrth syllu ar sgriniau.

Os ydw i'n teimlo bod cyflwr y byd yn fy llethu, mae'r cyfryngau cymdeithasol yn fy ngwthio'n ddyfnach i ddyfroedd cynddaredd a drwgdybiaeth, ac yn cymylu'r ffin rhwng bod yn flin a gwneud rhywbeth go iawn. Os ydw i'n teimlo'n orbryderus, mae'r cyfryngau cymdeithasol yn ei wneud yn waeth. Mae'n gallu teimlo fel parti mawr, ond mae hefyd yn gallu teimlo fel parti mawr na chefais wahoddiad iddo. Mae ofn methu perthyn weithiau'n waeth nag ofn methu rhywbeth ac mae'n syndod pa mor aml y mae'n fy atgoffa o fod yn ôl yn yr ysgol a heb gael fy newis i'r tîm rownders.

Os ydw i'n cael unrhyw fath o anawsterau o ran hunaniaeth, mae'r cyfryngau cymdeithasol yn rhy ddryslyd gan eu bod nhw, wrth natur, yn ddarniog ac yn ffug. Ar un adeg, dim ond pobl enwog oedd yn profi'r teimlad o fod yn brydferth ar bosteri mawr awyr agored a theimlo'n ddiflas y tu mewn. Erbyn hyn, mae unrhyw un sydd â phroffil cyfryngau cymdeithasol mewn perygl o'r hyn dwi wedi dechrau meddwl amdano fel 'avataritis' – y cyfyng-gyngor hwnnw sy'n bodoli wrth i un ddelwedd a chasgliad o ddiweddariadau statws gynrychioli ein hunan cymhleth. Dwi'n hoffi Facebook oherwydd fy mod i'n mwynhau bod mewn cysylltiad â ffrindiau a pherthnasau a gweld lluniau o'u plant a'u hanifeiliaid anwes, ond dwi bob amser yn ymwybodol mai agwedd hynod ddethol ar fy mywyd y bydda i'n ei dangos. Dwi'n postio llun o fy mab yn edrych yn annwyl, ond nid un ohono i yn ddiweddarach yr un prynhawn, yn fy nagrau oherwydd fy mod yn gweld fy hun fel mam anobeithiol ar ôl ffrae arall ynglŷn â gwaith cartref. Dwi wedi gwneud llawer o ffrindiau ar Twitter, ond pan gyrhaeddais y pwynt lle byddwn i'n trydar rhywbeth diniwed ac yna yn ei ddileu ar unwaith oherwydd fy mod i'n ofni ymateb pobl, sylweddolais ei bod hi'n amser troi cefn arno am ychydig.

I fenyw o'r oes o'r blaen yn byw mewn ogof, byddai gweld rhywun yn codi ael i'w chyfeiriad yn gwneud iddi feddwl ddwywaith am ei gweithredoedd, ond does bosib fod yr un ohonom wedi esblygu'n ddigonol i allu ymdopi â cherydd ar-lein? Dwi'n eithaf mwynhau pobl yn anghytuno â mi mewn bywyd go iawn – dydw i ddim yn meddwl fy mod i bob amser yn iawn a dwi'n mwynhau gweld fy syniadau'n cael eu rhoi ar brawf – ond alla i ddim ymdopi â hynny ar-lein. Dydw i ddim yn siŵr pam mae'n teimlo mor greulon. Methu edrych i fyw llygaid rhywun, efallai, neu'r bwgan o gynulleidfa anweledig, ond mae'n peri gorbryder i mi. Dwi'n ei ffeilio o dan restr hir o bethau dydw i ddim yn eu deall yn iawn, ond yn derbyn mai bywyd ar-lein yw fy ngwendid mwyaf, yn enwedig pan fydda i'n teimlo'n isel.

Dwi wedi cilio rhag y cyfyng-gyngor cyfoes o feddwl ei bod yn rhaid i mi gael barn am bopeth. Dwi'n ymdrechu i fod yn llai adweithiol, i roi'r gorau i weld bai ar bethau. Dwi'n trio cydnabod bodolaeth pobl sy'n fy nghythruddo, gyrwyr tacsi rhywiaethol a pheiriannau argraffu nad ydyn nhw'n gweithio heb fynd ar Twitter i brotestio yn eu cylch neu adael iddyn nhw fy nharo i oddi ar fy echel. Dwi'n ei ystyried fel gyrru am yn ôl mewn car. Pan fydda i'n sylweddoli nad yw rhywbeth yn llesol i mi, does dim rhaid i mi ddeall pam na bod yn feirniadol ohono; dwi'n gallu gyrru am yn ôl ac allan o'r sefyllfa. Mae'n syniad sy'n eich rhyddhau'n rhyfeddol. Dwi'n ystyried gyrru am yn ôl rhag bod yn berchen ar ffôn clyfar, gyrru am yn ôl rhag yr angen i gael gwybod, gyrru am yn ôl rhag digio gyda rhywun neu rywbeth.

Dwi'n fwy agored fel person, ac mae meddwl am hyn fel meithrin fy iechyd meddwl wedi bod o gymorth, yn hytrach na chyfaddef bod salwch meddwl arna i. Pan fydd pobl yn gofyn pam nad ydw i'n yfed – mae'n well gan gymdeithas y fi feddw, mae'n debyg – fe fydda i'n dweud, 'Dwi'n teimlo bod cael seibiant ohono'n gwneud lles i fy iechyd meddwl.' Bydda i'n rhoi'r un rheswm wrth egluro pam nad ydw i ar y cyfryngau cymdeithasol. Dwi'n dychmygu fy hun fel clamp o fatri mawr. Weithiau, dwi wedi fy ngwefru'n llawn ac weithiau dwi'n mynd yn brin. Os yw fy lefelau egni'n dechrau gostwng, mae angen i mi fy ailwefru fy hun.

Flynyddoedd yn ôl, fe ddysgais ymarferion i fy atal rhag goranadlu, ond sylweddolais i ddim y gallai dysgu rheoli fy anadlu fod yn ddefnyddiol yn ehangach. Rŵan dwi wedi syrthio mewn cariad pur â fy anadlu. Mae anadlu yn rym aruthrol. Mae'n ffordd anhygoel o dawelu, a dwi'n gallu rheoli unrhyw awch drwy anadlu.

Dwi'n trio rhoi'r gorau i geisio perffeithrwydd a disgwyl llai ohono i fy hun fel person, fel mam ac fel awdur. Mae'n iawn i mi beidio â bod ag ateb i bopeth, i fod yn ddiamynedd gyda fy mhlentyn pan fydd yn camymddwyn ac i deimlo'n bryderus ynghylch rhannu fy ngeiriau â'r byd a'r betws. Fe fydd yna rai na fyddan nhw'n fy hoffi nac yn hoffi fy ngwaith, ond mae hynny'n iawn. Does fawr o ots oni bai bod ofn hynny yn fy atal rhag gwneud unrhyw beth.

Roeddwn i'n hymian cân Nina Simone, 'Don't Let Me Be Misunderstood', wrthyf fy hun ryw ddiwrnod pan sylweddolais ei bod hi'n rhaid i mi oddef yn well y posibilrwydd o gael fy nghamddeall, oherwydd mae'n siŵr o ddigwydd a does dim byd y galla i ei wneud am y peth. O leiaf dwi'n gwybod bod fy mwriadau bob amser yn dda.

Dwi hefyd wedi dysgu chwerthin ar fy mhen fy hun rhyw fymryn. Mae cofnodi fy ofnau a fy mhryderon ar bapur yn llesol iawn i mi, gan fod fy rhestrau'n dechrau gyda holl gwestiynau mawr bywyd, a'r llif wedyn yn troi'n lol eithaf hoffus erbyn y diwedd. Ar y brig mae anghyfiawnder byd-eang a fy anwyliaid yn marw mewn ffordd ofnadwy, ond erbyn i mi gyrraedd gwaelod y dudalen, dwi'n poeni am fod yn fam wael, dwi ddim yn hoffi sut olwg sydd arna i, neu dwi'n teimlo ar bigau drain am gyflwr fy mewnflwch, y gegin neu faint o smwddio sydd i'w wneud. Dwi'n caniatáu ychydig o hunandosturi i mi fy hun, ac yna'n gweld ochr ddoniol yr holl ddychmygu trychinebau.

Dwi'n gwybod ers tro fod ysgrifennu rhestr o bethau dwi'n ddiolchgar amdanyn nhw yn ddefnyddiol ac erbyn hyn dwi'n deall pam. Mae ein meddyliau wedi'u cynllunio i chwilio am

berygl a risg, nid am bethau da. Drwy wneud rhestr, rydym
yn neidio i ffordd o feddwl sy'n fwy cadarnhaol. Mae'n anodd
ar y dechrau, ond os ydw i'n dal ati, mae'n gweithio. Roedd
rhestr y bore yma yn cynnwys y ffaith bod fy rhieni yn dod i
aros yfory, fy mod i wedi coginio cawl cyw iâr cartref a 'mod
i'n gallu gweld coeden hardd drwy'r ffenest.

Dwi'n trio caru fy nghorff yn fwy, gwerthfawrogi sut
mae'n fy ngharioq o fan i fan, a pheidio â'i orfodi i ddioddef
ymatal a gormodedd bob yn ail. Dyna i chi drist 'mod i wedi
treulio cymaint o amser yn dymuno bod llai ohono i. Mae'r
glorian wedi mynd. Dwi wedi gwrando ar Nora Ephron, a
ddywedodd mai'r holl bethau nad ydych chi'n eu hoffi am eich
corff pan ydych chi'n 35 oed yw'r union bethau y byddwch
chi'n teimlo'n hiraethus amdanyn nhw pan fyddwch chi'n
45 oed. Dwi'n gwybod i sicrwydd, pan fydda i ar fy ngwely
angau, na fydda i'n poeni 'mod i heb dreulio mwy o amser
yn trio bod yn deneuach. Beth bynnag, dwi'n amau a oes gan
drachwant a grym ewyllys unrhyw gysylltiad ag yfed a bwyta
gormod, ond yn hytrach ei fod yn gysylltiedig â'r ysfa i beidio
â theimlo poen. Fydda i byth eto yn gwneud penderfyniad
arall sy'n golygu fy amddifadu fy hun neu fy ngwneud fy hun
yn llai. Mae'n bosib mai un o'r rhesymau dros ddiflastod mis

Ionawr yw nad oes neb yn bwyta digon.

Dwi'n trio peidio â gadael i'r teimlad nad ydw i'n gallu newid cyflwr y byd fy atal rhag gwneud y pethau bychain a allai ei wneud yn well, hyd yn oed os mai dim ond ar gyfer un person am gyfnod byr iawn fydd hynny. Dwi'n hoffi cofleidio fy Pollyanna mewnol ac mae gwneud rhywbeth dros rywun arall bob amser yn fy helpu. 'Cynhesrwydd cymdeithasol' neu 'social glow' yw'r term hyfryd am y teimlad cynnes sy'n dod o helpu pobl eraill. Dwi'n hoffi bod yn effro i'r posibilrwydd o gynnig help – cario bygi i fyny'r grisiau, agor y drws i rywun neu achub twristiaid sydd ar goll.

Mae gan lawer o elusennau gynlluniau rhodd unigol, lle gallwch dalu am wely mewn lloches i'r digartref neu becyn gan Refuge, ac mae fy archfarchnad yn casglu cyfraniadau i'r banc bwyd lleol. Pan fydd ysgol fy mab yn anfon ffurflenni adref yn gofyn am arian ar gyfer teithiau ysgol, maen nhw hefyd yn cynnig y cyfle i noddi plentyn arall. Dwi wrth fy modd yn gwneud hyn. Dwi'n gallu'i fforddio'n hawdd, ond dwi'n hoffi meddwl y byddwn yn gwneud hyn hyd yn oed pe bai'n fwy o her. Dydy hyn ddim ond megis diferyn bach yn y môr o anghyfiawnder yn y byd, ond mae'n fy helpu i weld bod pethau wedi symud ymlaen mewn rhai ffyrdd. Prif atgofion fy nhad o'r ysgol yw cael ei gywilyddio am fod yn dlawd ac yn fudr, cael ei guro am beidio â thalu sylw, a theimlo'n unig ar ddiwrnodau tripiau ysgol pan fyddai'r holl blant cyfoethocach yn mynd i Kerry ac yntau'n cael ei adael ar ei ben ei hun. Dwi'n falch nad yw hynny'n digwydd i unrhyw un o gyd-ddisgyblion fy mab.

Dwi hefyd yn rhoi arian i gardotwyr weithiau. Dwi'n ymwybodol o'r holl ddadleuon crac-a-seidr a dydy hynny'n poeni dim arna i. I mi, mae yna eiliad o gysylltiad wrth roi rhywbeth i rywun sy'n cydnabod y person fel cyd-ddyn. Mae unrhyw un sy'n cardota ar y stryd yn cario baich mawr ar ei ysgwyddau ac nid fy lle i yw barnu sut mae'n llwyddo i oroesi yn y byd.

Bellach, dwi'n cael cynnig cyfleoedd i fod yn ddefnyddiol ac i helpu, a dwi'n trio manteisio arnyn nhw drwy gadeirio digwyddiadau elusennol, mentora pobl, ac ymweld â charchardai, ond dwi'n meddwl yn aml am yr hyn y gallwn ei wneud pe bawn i'n dlawd o ran arian ac amser. Un peth syml iawn yw bod yn garedig tuag at weinyddion a gweithwyr mewn siopau bob tro. Mae'n rhaid i bobl yn y diwydiannau gwasanaethu ddioddef dicter pawb sydd heb feistroli'r grefft o gyfeirio'u rhwystredigaethau'n briodol. Ar ôl blynyddoedd o werthu alcohol a llyfrau a gwybod bod cwsmeriaid weithiau'n gweiddi arna i oherwydd eu bod nhw'n methu gweiddi ar yr un roedden nhw'n ddig ag o go iawn, dwi'n gallu dweud wrthych chi fod bod yn gwrtais a pharchus tuag at bwy bynnag sy'n gwerthu rhywbeth i chi neu'n gweini arnoch chi yn weithred foesol. Os digwydd i chi weld cwsmer yn bwlio gweithiwr yn rhywle, byddai gwên o gysur neu edrychiad o gydymdeimlad yn cael llawer o groeso.

Roeddwn i'n arfer rhuthro heibio i bobl sy'n dosbarthu taflenni yn y stryd, ond un diwrnod fe feddyliais i beth mor ofnadwy yw bod â phentwr enfawr o bethau nad oes neb eu heisiau a methu mynd adref nes eu bod nhw i gyd wedi mynd. Rŵan pan fydda i'n cymryd un, dwi'n cael y pleser o feddwl bod hyn yn rhywbeth syml y gallai unrhyw un ei wneud heb wario'r un ddimai.

Dwi wedi bod wrth fy modd â llyfrau a darllen erioed, a chwilio am y gwersi bywyd sydd ynghudd ym mhopeth o'r Stoïcs i hanesion Narnia. Yn ddiweddar, roeddwn i wedi bod yn darllen gwaith yr athronydd Rhufeinig, Seneca, pan ddaeth fy mab adref o'r ysgol a sôn am y siart 'Ti sy'n gyfrifol am dy ymddygiad dy hun'. Mae'r plant yn cael cyfres o gamau rhybudd cyn i'w hamser braint poblogaidd ar brynhawn dydd

Gwener gael ei gwtogi fesul pum munud. Dyna yn ei hanfod yw neges y Stoïcs. Beth bynnag sy'n digwydd, ni sy'n gyfrifol amdanon ni'n hunain.

Mae llyfrau Harri Potter yn llawn dop o drosiadau iechyd meddwl gwych. Angenfilod tywyll yw'r Dementors sy'n gwneud i chi deimlo anobaith dwfn a pharhaus, a dim ond galw ar ddigon o atgofion hapus i greu Patronus o oleuni gwyn a fydd yn cael gwared arnyn nhw. 'Occlumency' wedyn yw'r gallu i gau'r meddwl rhag tresbaswyr. Pan ddaw'n amser i fyfyrio, mae Harri bron mor amharod a diog i ymarfer y grefft ag ydw i. Ar ôl ailddarllen *Harri Potter a'r Carcharor o Azkaban* gyda fy mab Matt, 'y rhestr boggart' yw fy enw newydd ar fy rhestr o bryderon. Anghenfil yw'r 'boggart' sy'n cymryd ffurf y peth rydych chi'n ei ofni fwyaf. I'w ymladd, mae'n rhaid i chi ddod o hyd i ffordd o wneud i'ch hun chwerthin ac wedyn bydd yn colli ei rym.

Dwi'n trio dilyn fy nhrywydd fy hun, gyda dwy droed yn fy mywyd fy hun. Weithiau dwi wrth fy modd yn camu allan i'r byd; dro arall mae rhoi'r naill droed o flaen y llall bron yn ormod o ymdrech.

Pan fydd fy hwyliau'n suddo, dwi'n ymwroli eto ac yn gofalu amdana i fy hun, gan wybod y bydd fi'r dyfodol yn ddiolchgar 'mod i heb wneud pethau'n waeth. Does dim pwynt poeni amdano rŵan, dim ond ei ychwanegu at y rhestr ar gyfer yr adeg pan fydd y gwynt yn troi. Pan fydda i'n well, mae'n ddigon hawdd delio â thrafferthion a oedd yn ymddangos yn anorchfygol fel arfer, neu ymdopi â nhw.

Er gwaethaf popeth dwi wedi'i ddysgu, dwi'n dal i ysu am gael fy nhrwsio unwaith ac am byth, i fod yn dudalen wag, yn gynfas ffres. Mae pob math o bethau y byddai'n well gen i beidio â'u gwybod. Fel Efa, eisoes yn difaru cnoi'r afal, hoffwn allu gwrthod gwybodaeth a phrofiad, chwifio hudlath, troi'r cloc yn ôl, gwrthod derbyn bod yr hyn a ddigwyddodd wedi digwydd mewn gwirionedd. Er hynny, dwi'n gwybod ei bod hi'n llawer gwell i ni ddysgu gwisgo ein profiadau gyda balchder.

Yn *The Last Act of Love*, ysgrifennais am 'kintsugi', sef math Siapaneaidd o gerameg lle mae gwrthrych sydd wedi ei dorri yn cael ei drwsio mewn ffordd gwbl amlwg. Yn hytrach na cheisio cuddio'r craciau, mae'r crochenydd yn gweithio gydag aur i ddangos i ni y bydd y nam yno am byth ac yn rhan gydnabyddedig – a hardd – o hanes y gwrthrych.

Dwi wastad wedi hoffi'r syniad hwn. Does dim angen i ni fod heb ein torri. Y cam cyntaf yw rhoi'r gorau i geisio cuddio'n creithiau. Mae dolur calon yn rhan o'r cyflwr dynol.

Wrth gwrs, rhan o'r rheswm fy mod yn ysu am gael fy nhrwsio unwaith ac am byth yw'r ofn y bydda i'n dioddef iselder eto, ac y gallai fod yn waeth y tro nesaf. Mae'r llais cas yn fy mhen, yr un dwi'n gwneud gwaith mor wych i beidio â gwrando arno, yn gweiddi arna i o bryd i'w gilydd, 'Ha, rwyt ti'n meddwl dy fod ti wedi'i deall hi gyda'r nonsens Pollyanna yma, ond ddim i dy dechnegau gwych di y mae'r diolch, y ffŵl – doedd y pwl ddim cynddrwg â'r tro diwethaf, dyna'r cwbl. Pwl ysgafn i gymedrol oedd o, doedd o ddim yn un difrifol. Wnei di byth ymdopi yn y dyfodol. Wnei di byth ymdopi â PHWL GO IAWN.'

Diolch i ti, lais cas, meddaf innau, am fy atgoffa bod tyndra rhwng bod yn ymwybodol o fy iechyd meddwl a bod yn gyson wyliadwrus pan fydda i'n teimlo nad oes pleser mewn unrhyw beth oherwydd fy mod i ar bigau drain, yn aros am y diwrnod pan fydda i'n dechrau teimlo'n waeth.

Yn ddiweddar penderfynais lunio cynllun gweithredu ar gyfer y dyfodol tra 'mod i'n iawn, fel 'mod i'n gwybod i mi wneud popeth o fewn fy ngallu. Ac yna dwi'n gallu bwrw ymlaen â mwynhau'r olygfa o ganol y grisiau.

Cyfarwyddiadau i fi'r dyfodol

Fy anwylyd, fy anwylyd,

Rywle yn y dyfodol, rwyt ti mewn ychydig bach o bicil. Plis derbynia fôr o gariad. Efallai fod rhywbeth ofnadwy wedi digwydd i ti neu efallai dy fod ti wedi blino'n lân. Does dim ots. Y peth mawr yw dy fod ti wedi drysu ac mae dy holl alluoedd a dy sgiliau arferol di wedi diflannu. Dwi yma i helpu.

Y peth cyntaf dwi am i ti ei gofio yw mai sefyllfa dros dro yw hon. Dwi'n gwybod ei bod hi'n sefyllfa ofnadwy ond fydd pethau ddim yn aros fel hyn. Rwyt ti wedi bod yma o'r blaen ac fe fyddi'n dod drwyddi'r tro yma, fel y troeon eraill i gyd. Dwi'n addo, yn y dyfodol, y byddi di'n falch o fod yn fyw.

Rŵan rydym yn mynd i ddechrau eto.

Dyma beth yr hoffwn i ti ei wneud:

– Rho'r gorau i yfed alcohol. Paid â gwastraffu amser yn poeni a oes raid i ti roi'r gorau i yfed am byth; rho'r gorau i yfed rŵan.

– Os oes gen ti symptomau gorbryder, mae angen i ti roi'r gorau i yfed diodydd â chaffein ynddyn nhw hefyd.

– Rho'r gorau i wylio'r newyddion a'u darllen a thynna'r apiau Twitter a Facebook oddi ar dy ffôn symudol. Diffodda dy liniadur a dy ffôn erbyn saith o'r gloch y nos a phaid ag edrych arnyn nhw eto tan y bore. Waeth beth sy'n digwydd yn y byd, fydd colli rheolaeth arnat ti dy hun ddim yn helpu dim na neb.

– Os wyt ti ar unrhyw fath o ddeiet, peidia. Yr unig reol o ran deiet rwyt ti'n cael ei dilyn yw nod cyffredinol i yfed digon o ddŵr, bwyta digonedd o lysiau a pheidio â bwyta gormod o siwgr. Tria roi'r gorau i ddwrdio dy hun am fod yn ddiog neu'n dew neu'n hyll. Dwyt ti ddim.

– Cria. Os nad wyt ti eisiau hel meddyliau am ddigwyddiadau yn dy fywyd di, yna darllena lyfrau trist. Ildia i ddagrau.

Meddylia amdano fel gollwng aer o system wresogi.

– Y peth cyntaf bob bore, ysgrifenna rywbeth o gornel
ddyfnaf, dywyllaf, mwyaf cywilyddus dy enaid. Rho'r pethau
sy'n dy ddychryn ac yn dy boeni fwyaf ar ddu a gwyn, a dywed
wrthyt ti dy hun ei fod yn well 'i mewn nag allan'.

– Yna cofia Nancy Mitford, a ddywedodd fod bywyd yn aml
yn ddiflas ac weithiau'n drist, ond bod cyrains yn y gacen.
Chwilia am y cyrains. Bob dydd, ysgrifenna bum peth rwyt
ti'n ddiolchgar amdanyn nhw. Fyddi di ddim eisiau gwneud
hyn oherwydd na fyddi di'n teimlo'n ddiolchgar am ddim
byd, ond mae'n bwysig. Fe allan nhw fod yn bethau syml, fel
bod yn gynnes, bod ag aer glân i anadlu a dŵr i'w yfed, neu
allu fforddio tabledi fitamin. Neu fe allet ti restru dy ffrindiau,
neu adegau pan mae pobl wedi bod yn garedig.

– Darllena bethau ysgafn, cysurlon a doniol.

– Tria fod yn chwilfrydig ac â diddordeb yn sut rwyt ti'n
teimlo.

– Dwi'n gwybod na fyddi di'n meddwl bod gen ti ddigon o
egni i wneud hyn, ond os galli di, tria fynd allan a cherdded,

nofio, edrych i fyny ar yr awyr, gwneud ychydig o ioga. Bydd hynny i gyd yn helpu, ac mae'n arbennig o bwysig yn y gaeaf.

– Coginia. Rhostia gyw iâr organig a gwna stoc.

– Bydda mor onest ag sy'n bosib gyda'r bobl o dy gwmpas.

– Gofynna am help. Pwy all dy helpu di?

– Ceisia chwerthin neu, os na alli di wneud hynny, ceisia wneud rhywbeth sy'n codi gwên. Gwylia *Blackadder* a *Fawlty Towers*. Nes y byddi di'n teimlo'n well, paid â gwylio unrhyw beth brawychus neu sy'n debyg o dy aflonyddu.

– Cwtsia.

– Gafaela'n dynn.

Os gwnei di'r uchod i gyd, dwi'n disgwyl y byddi di'n teimlo fymryn yn well ar ôl ychydig ddiwrnodau ac yn well o lawer ar ôl deg diwrnod. Gwna nodyn o'r dyddiad. Os wyt ti'n cael pythefnos o anobaith llwyr, cer at y meddyg.

Fel arall, paid â thrio newid dim. Paid â gwneud unrhyw benderfyniadau. Golwg ddigon llwm sydd gen ti ar y byd ar hyn o bryd, felly does dim diben trio defnyddio rhesymeg i gael trefn ar dy fywyd. Cadwa at dy ymrwymiadau os galli di, ond fel arall, canolbwyntia ar beidio â gollwng yr awenau.

Fe fyddi di'r dyfodol – ni'r dyfodol, mae'n debyg – yn falch na wnest ti ddim byd ond gofalu amdanat ti dy hun ac aros i'r gwynt droi.

Fe fyddi di'r dyfodol mor falch fod llai o waith cynnal a chadw a thrwsio i'w wneud erbyn hynny. Fe fydd dy sgiliau rheoli'n gwneud argraff ddofn arni hi. Mae'r ddwy ohonom yn anfon llawer o gariad atat, a'r wybodaeth lwyr y bydd pob dim yn iawn.

Cofia, 'nghariad i, dwyt ti ddim yn arbennig o anarferol – dim ond un o bob pedwar wyt ti.

Taith emosiynol drwy amser

Ers i mi roi'r gorau i drin amser fel y gelyn, dwi wedi dechrau cael ychydig o hwyl gydag o ac wedi dyfeisio gêm newydd dwi'n ei galw'n 'adennill'. Y llwyddiant cyntaf ges i oedd gyda glaw. Mae glaw wedi bod yn disgyn yn aml pan mae pethau wedi mynd o chwith i mi, a dechreuais amau ei fod yn cyfrannu at y sefyllfa yn hytrach nag yn gyd-ddigwyddiad. Dwi wedi dysgu, wrth wynebu unrhyw sefyllfa, bod ein hymennydd yn dechrau chwilio am brofiadau blaenorol fel ein bod yn gwybod sut i ymateb i'r her newydd hon. Roedd hyn yn ddefnyddiol pan oedd angen i ni wybod beth i'w wneud pan fyddai teigr yn ymddangos ar y gorwel, ond mae'n llai defnyddiol mewn byd lle'r ydym yn cael ein llethu gan straen ac ysgogiadau yn barhaus. Dyma sut fyddwn ni'n cael ein sbarduno. Pan oeddwn i'n eistedd ac yn syllu ar y glaw, sylweddolais fod fy meddwl yn tanio sioe sleidiau o bob chwalfa dwi erioed wedi'i chael a bod fy hwyliau o fewn dim yn suddo i'r dyfnderoedd oherwydd mai dim ond adegau diflas dwi'n eu cofio. Penderfynais weld a allwn i ailosod fy ymennydd.

Roeddem yng Nghernyw, lle sy'n gwybod sut mae bwrw glaw go iawn. Un diwrnod mwy glawog na'i gilydd, gofynnais i Matt a oedd ganddo ffansi mynd allan i chwarae. Fe fydden ni'n dau yn wlyb diferu, ond fe fydden ni'n cael cymaint o hwyl. Roedd o wrth ei fodd, yn ymgolli'n llwyr mewn rowlio yn y glaswellt, chwarae pêl-droed a rhedeg o gwmpas yn trio cadw'n gynnes. Yna, fe gawsom fàth poeth gyda'n gilydd a darllen *Horrible Histories – The Tudors* cyn ein lapio ni'n hunain mewn tywelion glân, cynnes. Fe anogais fy hun i gofio pob manylyn o'r profiad, gan gadw lluniau o adeg hapus pan oedd hi'n arllwys y glaw.

Rŵan, pan fydd hi'n bwrw glaw, dydw i ddim yn meddwl am fynd yn wallgof, ond yn hytrach am wyneb bach Matt, yn wlyb a braidd yn fudr. Dwi'n gallu gweld ei amrannau llaith, a darn o risgl coed yn glynu wrth ei foch. Dwi'n gallu arogli glaswellt gwlyb Cernyw. Dwi wedi adennill y glaw.

Ychydig fisoedd yn ddiweddarach, roeddwn i yn Nulyn

mewn gŵyl lenyddol. Roedd hi'n tresio bwrw ac roedd fy unig esgidiau – pâr o Converse coch – yn wlyb domen ac yn drewi. Rownd y gornel o'r gwesty, fe ddes i o hyd i siop fawr hyfryd o'r enw Dunnes. Roeddwn i ar fy ffordd i'r adran esgidiau pan welais bâr o welingtons bach godidog, llwyd gyda llygaid y dydd gwyn a melyn arnyn nhw. Doedd dim angen eu hystwytho ac fe fues i'n sgipio o gwmpas Dulyn ac yna Llundain yn ystod ein haf hynod wlyb y flwyddyn honno. Roedd hi'n rhyfeddol faint roedden nhw'n llonni fy nghalon i.

Rŵan, pan fydd hi'n glawio, mae fy meddwl yn ystyried chwarae'r sioe sleidiau ddiflas, ond yn lle hynny mae'n dewis canolbwyntio ar wyneb bach annwyl fy mab ac yn gwneud i mi feddwl, O, mae hi'n bwrw glaw, fe alla i wisgo fy welingtons blodeuog.

Mae proses feddyliol debyg i'w gweld yn digwydd adeg dyddiadau arwyddocaol. Mae'r rhain yn atalnodi'r calendr fel clwydi i grafu drostyn nhw neu i redeg yn bendramwnwgl i mewn iddyn nhw. Dwi'n fwriadol wedi peidio â thrio cofio dyddiadau marwolaeth neu angladd fy mrawd. Mae dyddiadau ei ben-blwydd a'r ddamwain wedi eu serio ar fy nghof ac yn sicr does dim angen rhagor o ddyddiadau arna i i deimlo'n ddigalon yn eu cylch.

Mae wedi fy helpu i dderbyn ei bod hi'n well ildio i'r tristwch na'i ymladd. Rŵan, ar ben-blwydd fy mrawd a'r dyddiad y cafodd ei daro, dwi'n derbyn y bydda i'n meddwl amdano a'i bod hi'n briodol fy mod yn treulio peth amser yn ei goffáu ac yn talu teyrnged iddo. Dwi'n caniatáu i mi fy hun deimlo'r golled ond hefyd yn gofalu 'mod i'n ei gofio fel yr oedd, yn hytrach na chael fy nghaethiwo gan atgofion o fy ngwewyr fy hun. O hyn ymlaen, bydda i'n treulio dyddiadau arwyddocaol Matty yn ei anrhydeddu ac yn ei gofio. Mae'n rhan o fy jig-so i ac fe fydd am byth a dwi wedi penderfynu mai gwell yw rhoi amser penodol i alaru amdano.

Mae sylweddoli y gallwch chi gael grym a dylanwad dros eich meddyliau a'ch hwyliau eich hun yn dipyn o beth. Mae hyn mor bwysig, oherwydd arswyd mawr iselder yw ei fod yn gallu taro'n ddirybudd ar unrhyw adeg. Ar ôl ystyried y cyfan yn dawel, penderfynais weld ym mha ffyrdd eraill y gallwn newid.

Llwyddais i adennill eiliadau cyntaf ac olaf pob dydd. Roedd yr holl amser hanner effro hwnnw'n llawn straen a phryder, a minnau'n aml yn estyn am fy ffôn cyn i mi ddweud bore da wrth fy ngŵr, neu hyd yn oed rwbio'r cwsg allan o fy llygaid. Yn fwriadol, penderfynais lenwi'r amser hwn gyda diolch yn lle hynny. Dwi'n meddwl am bum peth dwi'n ddiolchgar amdanyn nhw cyn mynd i gysgu, ac yn gwneud yr un peth eto ar ôl deffro. Mae ein hystafell wely yn ardal ddiffôn ac mae'r ddau ohonom yn ystyried yn ofalus pryd rydym yn barod i wahodd y byd i'n fflat bychan.

Weithiau, mae adennill yn gallu bod mor syml â chroesholi fy hun neu ailfrandio credoau sy gen i ers talwm nad ydyn nhw o bosib yn gwneud dim lles i mi. Ddydd Llun diwethaf, roedd ysgol fy mab yn cael diwrnod ymwybyddiaeth gwrthfwlio, pan fuon nhw'n trafod sut mae'n bwysig camu i'r adwy yn hytrach na gwylio a gwneud dim. Anogwyd y plant i wisgo dillad glas a dywedwyd wrthyn nhw mai acronym oedd y gair 'blue' am 'Be Lovely and Understanding to Everyone'. Fe wnaeth hyn i mi ystyried gymaint yr arferwn gasáu dyddiau Llun pan oedd gen i nifer o dasgau ych a fi, a sut rydw i'n dal i feddwl hynny er nad yw fy nyddiau gwaith bellach yn dilyn yr un drefn wythnosol. Penderfynais o hyn ymlaen y byddwn yn adennill dyddiau Llun drwy atgoffa fy hun o'r grŵp hyfryd hwn o blant sy'n cael eu dysgu gan athrawon ymroddedig a dychmygus am bwysigrwydd caredigrwydd a goddefgarwch.

A oedd unrhyw beth arall y gallwn ei adennill? Meddyliais am ein ffordd o sôn am iselder fel ymdrech, ymladdfa neu frwydr. Ac ydy, mae'r holl eiriau hynny'n disgrifio'n fanwl sut rydw i wedi ystyried fy mherthynas ag iselder am fwy nag ugain mlynedd. Fodd bynnag, pan benderfynais ailfrandio 'brwydro yn erbyn iselder' fel 'dawnsio gyda fy hwyliau', roeddwn i'n teimlo'n ysgafnach ac o dan lai o straen bron ar unwaith.

Mae geiriau'n bwysig. Roeddwn i'n siarad â ffrind annwyl sy'n ymdrechu'n galed i ymdopi â beichiau niferus a nodais yr eirfa ofnadwy a ddefnyddiai i ddisgrifio'i hun. Ffŵl… di-werth… 'fuck-up'… dibwrpas. Crefais arni i roi'r gorau iddi ac ers hynny dwi wedi trio peidio â defnyddio geiriau cas wrth gyfeirio ata i fy hun na neb arall.

Dwi'n cadw fy llygaid ar agor am bobl a phethau sy'n gwneud i mi deimlo'n wael ac yna dwi'n trio eu hosgoi neu fy amddiffyn fy hun yn well. Dwi'n ymddiried yn fy ngreddfau ac yn trio peidio â gorfeddwl am bob dim. Yn hytrach, dwi'n gofyn i mi fy hun sut mae rhywbeth yn gwneud i mi deimlo. Dydw i ddim yn deall yn iawn pam mae'r cyfryngau cymdeithasol yn chwarae gyda 'mhen i i'r fath raddau, ond does dim angen i mi ddeall. Y cyfan sydd angen i mi ei wybod yw y dylwn ei roi o'r neilltu pan mae'n gwneud i mi deimlo'n ddig, yn ymosodol ac yn feirniadol.

Y newyddion da am sbardunau yw y gallwn greu rhai cadarnhaol hefyd. Dwi'n galw'r rhain yn swyndlysau, sy'n golygu gwrthrych â grymoedd hud, ond mae'n bosib iddyn nhw fod yn bethau sy'n ein hatgoffa o rywbeth da, fel fy welingtons blodeuog.

Anrhegion yw llawer o fy rhai i. Magnet siâp cimwch sy'n fy llenwi â llawenydd, mwclis ar ffurf darn o bos, mỳg, ambell fathodyn, nod tudalen… dwi wrth fy modd hefyd nad oes rhaid iddyn nhw gostio'n ddrud. Mae plu, cerrig a dail yn swyndlysau rhagorol. Weithiau maen nhw'n datblygu gydag amser. Mae fy mab wedi addurno fy ngliniadur gyda sticeri Lego Star Wars. I ddechrau, doeddwn i'n sylwi fawr ddim arnyn nhw, yna roedd pobl eraill yn edrych yn syn yn gwneud i mi wenu pan fyddwn i'n gweithio mewn rhyw gaffi neu'i gilydd. Yn raddol, fe ddes yn nes at fy Nhywysoges Leia Lego a'r don o gariad tuag at fy mab a fyddai'n torri drosof, yn enwedig pan oeddwn i oddi cartref ac ar fin bwrw iddi gyda 'ngwaith. Rydym yn troi ein trwynau ar ddoethineb magnet oergell, ond dwi'n dechrau mwynhau nodi dyfyniadau ar wahanol nodiadau Post-it prydferth a'u gosod nhw o 'nghwmpas i.

Dwi hefyd yn cadw blwch atgofion, sy'n rhyw fath o

drysorfa o drugareddau ar fy nghyfer pan fydda i'n hen.
Llythyrau, cardiau, derbynebau hyd yn oed – unrhyw beth
sy'n fy atgoffa o rywbeth da. Dwi'n hoffi dychmygu fy hun fel
hen wraig, fy nwylo rhychiog yn estyn am drugareddau a fydd
yn fy ngalluogi i deithio yn ôl drwy amser a'm hatgoffa sut
beth oedd bod yn fyw rŵan.

Dwi'n chwilio am ffyrdd a fydd yn fy helpu i aros yn y
foment hon, yn hytrach na hel meddyliau am dristwch y
gorffennol neu syllu'n wyllt tua'r dyfodol, yn trio dyfalu pa
erchyllterau sy'n llechu yno a'r holl ffyrdd dwi'n ofni y bydda
i'n methu ymdopi.

A ddylem geisio byw pob diwrnod fel ein diwrnod olaf?
Roeddwn i'n arfer cael anhawster â hyn, gan na allwn i lwyddo
i'w gydweddu â'r ymgais i fyw bywyd trefnus a chytbwys.
Roeddwn i'n meddwl bod angen y syniad o ddyfodol a
chanlyniadau arna i i gadw rheolaeth ar fy ymddygiad, gyda'r
nod o sicrhau mwy o ystyr a phwrpas yn hytrach nag ymroi
i bleser yr eiliad honno. Rŵan, dwi'n hoffi chwarae gyda'r
syniad. Erbyn hyn, fyddwn i ddim eisiau treulio'r diwrnod olaf
hwn mewn gloddest o ormodedd, ond yn hytrach byddwn am
werthfawrogi'r hyn dwi'n ei wybod a rhyfeddu ato.

Rydym yn cofio ein diwrnod diwethaf o normalrwydd yn

glir iawn. Dwi'n cofio darnau o'r diwrnod cyn damwain fy mrawd mor glir â phe baen nhw wedi digwydd y bore 'ma. Yn aml, mae pobl sy'n cael eu dal yng nghanol ffrwydrad bom llaw yn gresynu na fydden nhw wedi sylweddoli pa mor hapus oedden nhw cyn i hynny ddigwydd. Er nad ydw i am i rywbeth ofnadwy ddigwydd yfory, dwi'n hoffi'r syniad o geisio gwreiddio atgofion hirdymor o bleserau dyddiol di-nod fy mywyd fel y mae ar hyn o bryd. Mae gormod yn digwydd i geisio gwneud hynny gyda'r diwrnod cyfan, ond dwi'n sicr yn gallu canolbwyntio'n llwyr ar gyfran o'r dydd.

Cefais gyfarfod bywiog y diwrnod o'r blaen, ac wrth i mi blannu cusan ar foch y ferch a rannodd ginio gyda mi, gan arogli ei phersawr a'i cholur, penderfynais ganolbwyntio ar gerdded ymlaen yn hytrach na phlymio'n syth am fy ffôn. Cerddais drwy Soho, gan basio cogydd yn ei ddillad gwyn yn smygu sigarét yn nrws bwyty ar Archer Street. Sylwais ar fanylion y brics. Cerddais i lawr Shaftesbury Avenue heibio'r arlunwyr, gan ganiatáu i mi fy hun gofio am ffrind prifysgol a arferai dynnu lluniau yno yn ystod yr haf. Roedd o'n dod o Uganda a meddyliais tybed beth oedd wedi digwydd iddo, i ble'r aeth o yn sgil ei uchelgais i fod yn artist. Yna croesais Piccadilly Circus, lle'r oedd dyn ifanc golygus dros ben yn

chwarae'r bacbibau a gwyliais y twristiaid yn hel o'i gwmpas
a sut roedd y gerddoriaeth yn cyfuno'n orfoleddus â'r traffig.
Ymlaen â mi ar hyd Piccadilly, gan edrych ar y llyfrau yn
ffenestri Waterstones ac yna Hatchards – dwy siop y bûm i'n
gweithio ynddyn nhw, a chaniatáu i mi fy hun hel atgofion
am yr adegau hynny. Pan gyrhaeddais orsaf danddaearol Green
Park, teimlais fod yr ugain munud a dreuliais yn cerdded o'r
naill le i'r llall wedi bod yn werth chweil, felly cofnodais y
cyfan wrth fynd adref ar y Tiwb. Yn achlysurol, dwi'n rhoi
anrheg fel hyn i mi fy hun: eiliad o feddwl, gad i mi gofio
hyn yn fanwl, cofio'n fanwl sut deimlad oedd bod yn fyw ar y
diwrnod arbennig hwn.

Dysgais am y syniad o ddirprwyo yn ystod fy nghyfnod o
therapi. Rydym yn tueddu i fod yn llym iawn â ni'n hunain,
yn llawer llai tosturiol nag y byddem gydag eraill. Weithiau fe
allwn newid hyn drwy ddychmygu beth fyddem yn ei ddweud
wrth ffrind a oedd yn methu maddau iddo'i hun am yr un
peth â ni. Bellach, yn hytrach nag edrych yn ôl yn ddirmygus
ar fy ngweithredoedd annoeth a minnau'n iau, dwi'n teimlo
'mod i'n gallu edrych yn ôl gyda chydymdeimlad a chariad.

Un diwrnod, cefais y syniad o brynu anrheg i'r fi 17 oed.
Meddyliais beth yr hoffai hi ei gael pe bai rhywun wedi cynnig

anrheg iddi ar y diwrnod normal olaf hwnnw. Roedd hi'n hoffi llyfrau, darllen, esgidiau trwm a dillad o siop elusen, cardigans yn enwedig. Porffor a gwyrdd oedd ei hoff liwiau. Dwi'n ei dychmygu'n eistedd yn ei hystafell wely, yn clymu rhubanau porffor a gwyrdd yn ei gwallt henna-goch ar y noson cyn i bopeth newid. Dwi'n gweld na allaf ei hachub, na allaf atal yr hyn sydd ar fin digwydd, ond dwi'n gallu bod yn ddiolchgar iddi am ddod drwyddi er mwyn i ni allu cyfarfod yn ein byd presennol sy'n llawn pobl hyfryd a diddorol, llyfrau a darllen, a myrdd o gardigans gwyrdd. Mae hi wedi goroesi ac mae wedi rhoi cryn bleser i mi brynu pâr o esgidiau Doc Marten porffor a'u gwisgo er ei mwyn hi wrth i mi barhau ar fy nhaith drwy fy mywyd.

Profiadau'r agnostig gobeithiol

Ymunodd fy mab Matt â'r Beavers y llynedd, pan drodd yn chwech oed. Mae bechgyn a merched yn aelodau, maen nhw'n cyfarfod mewn cwt Sgowtiaid ac yn rhedeg o gwmpas yn edrych yn ddel mewn gwisgoedd gwyrddlas. Pan ymunodd Matt, bu'n rhaid iddo ddysgu'r Addewid ac fe gawsom sawl trafodaeth am y ffaith ei fod yn cynnwys darn am Dduw cariadus.

'Ond dydw i ddim yn credu yn Nuw,' meddai.

'Dydw i ddim yn credu yn Nuw chwaith,' dywedais. 'Ond dwi'n gallu gweddïo os byddwn ni'n mynd i'r eglwys ar gyfer priodas neu angladd. Dydw i ddim yn meddwl ei bod hi'n gwneud drwg i neb os dwi'n ymuno am ychydig bach. Ond dy ddewis di ydy o.'

Yn y pen draw, penderfynodd adrodd yr Addewid.

Yn ddiweddar, aethom i gyd i Gaerlŷr ar gyfer bedydd fy nghyfyrderes. Fy enw i ar y plant hyn – plant fy nghefndryd annwyl Ralph a Simon – yw'r 'cousinettes'.

Ar y ffordd, roedd Matt yn trio deall yr holl gysylltiadau.

'Felly, fy unig gefndryd ydy'r rhai o'r Iseldiroedd oherwydd bod dy frawd wedi marw heb gael plant. Ydy hynny'n iawn, Mam?'

Gwingodd fy nghalon a thriodd fy meddwl hedfan i gyfeiriad tristwch. Anadlais.

'Ie, dyna ti, cariad. Ond mae gen ti nifer o gyfyrdryd, oherwydd rwyt ti'n perthyn i bob un o blant fy nghefndryd.'

Yn yr eglwys, dilynais y gweddïau wrth i Martha, babi hapus a diddig, gael ei chroesawu i gariad Duw.

Soniodd yr offeiriad am sut i fyw, sut i wasanaethu. Dywedodd, 'Peidiwch â diystyru effaith un person da sy'n caru Duw ar y byd hwn.'

Meddyliais am hyn. Mae cymaint o bethau am grefydd yn apelio ata i. Roeddwn wrth fy modd â fy hen ysgol Gatholig, ac roedd Addysg Grefyddol yn un o fy hoff bynciau. Dwi'n aml yn mwynhau nofelau sy'n cynnwys crefydd ac roeddwn wrth fy modd yn dysgu am bum piler Islam, diolch i brosiect ysgol Matt. Dwi'n tueddu i gael fy nenu at gredinwyr ac maen

nhw'n bobl ddiddorol, yn fy marn i. Dwi'n hoffi'r syniadau
o ymgynnull fel cymuned, cydganu, diolch, derbyn ein
ffaeleddau, croesawu babis i'r byd a ffarwelio â'r rhai sydd wedi
marw gyda pharch a defod.

Dwi bob amser wedi cael fy nenu at y syniad o gyffesu
ac arferwn genfigennu wrth fy nghyd-ddisgyblion Catholig
pan oedden nhw'n mynd i weld yr offeiriad, ac nid dim ond
am fod hynny'n golygu eu bod nhw'n colli gwers ddwbl o
fathemateg. Dwi'n teimlo y byddai'n gweddu i mi. Mae fy
nhad, sy'n dal i gofio'n rhy fyw brofiadau ei fagwraeth yn
Iwerddon Gatholig, yn credu mai dim ond ffordd i offeiriad
wybod busnes pawb oedd crefydd. Ond dwi'n gallu gweld apêl
mynd ato bob wythnos, a rhannu'r och a'r gwae fy mod wedi
ildio i ymddygiad blin a phlentynnaidd ac yna cael gwybod
bod popeth yn iawn.

Dwi'n hoffi eglwysi: yr ymdeimlad o hanes sydd iddyn
nhw, gwybod bod cymaint o bobl wedi cerdded ar eu lloriau
cerrig. Dwi wedi dechrau cynnau cannwyll ar gyfer fy mrawd.
Dwi'n hoffi gwylio'i fflam yn crynu ymhlith yr holl fflamau
eraill, meddwl amdano mewn cymuned o anwyliaid colledig,
meddwl amdana i mewn cymuned o alarwyr. Mae gan
grefydd swyddogaethau nad yw ein cymdeithas seciwlar wedi

penderfynu beth i'w roi yn eu lle, yn enwedig o safbwynt marwolaeth a galar efallai.

Dwi wedi meddwl yn aml tybed a ydy'r diddordeb hwn yn rhan o berthynas hir a fydd yn esgor yn y pen draw ar ffydd? A fydda i rywbryd yn newid o fod yn agnostig gobeithiol i fod yn grediniwr go iawn? Nid credu yn Nuw yw'r maen tramgwydd mwyaf – er nad ydw i'n credu ynddo – ond yn hytrach gorfod dewis tîm. Sut all unrhyw un, gan gynnwys anffyddwyr, fod yn siŵr mai fo sy'n iawn?

Darllenais erthygl am bobl a oedd wedi colli brodyr a chwiorydd. Roedd cyfran fawr ohonyn nhw wedi troi at Dduw ers eu colli. Dydw i ddim yn gwarafun cysur i neb ac o bryd i'w gilydd dwi'n teimlo fy hun yn dyheu am ildio i bwrpas uwch, ond dydw i ddim yn gallu ymddiried yn y dyhead hwnnw.

Yn *Harri Potter a Maen yr Athronydd*, mae Harri yn darganfod Drych Erised, sy'n dangos dim byd mwy na llai na'r hyn y mae'ch calon yn ei ddeisyfu. Fyddai'r person hapusaf yn y byd, esbonia Dumbledore, ddim ond yn ei weld ei hun fel y mae. Mae'r Harri amddifad yn gweld ei deulu o'i gwmpas. Dwi'n gwybod y byddwn i'n gweld fy hun gyda fy mrawd, gyda'n plant, gyda'n rhieni yn edrych arnom. Ond mae

Dumbledore yn rhybuddio nad yw'n gwneud lles i ni dreulio gormod o amser yn edrych yn y drych. Mae pobl yn mynd yn lloerig wrth ddyheu am yr hyn na all fod.

Dwi'n gweld unrhyw ddyheadau ysbrydol ynof i, unrhyw beth a fyddai'n golygu credu yn y posibilrwydd o fywyd ar ôl marwolaeth neu gyfathrebu â'r meirw, fel ymgais i adeiladu fy Nrych Erised fy hun. Dydw i ddim yn meddwl y byddai'n gwneud unrhyw ddaioni i mi.

Yn y pen draw, dwi'n credu bod y cyfan yn dal i sefyll hyd yn oed os ydych chi'n dileu Duw o'r hyn a ddywedodd yr offeiriad wrth fedyddio Martha. Pan fydd cyflwr y byd yn ein llethu, ddylen ni ddim anghofio effeithiau cadarnhaol trio byw fel person da.

Dwi wedi llwyddo i weld, nid bod popeth yn digwydd am reswm, ond bod rhyw fath o dric lle'r ydych yn gallu edrych ar y llanast sy'n taro'ch bywyd a llwyddo i greu rhyw ystyr a phwrpas yn ei ganol. Fy hoff ddarn yn holl waith Shakespeare yw'r llinell honno yn *The Merchant of Venice* am gannwyll yn taflu ei goleuni: 'Felly y disgleiria gweithred dda mewn byd drwg.'

Mae hyn bob amser wedi helpu pan fydda i'n cael trafferth gydag ehangder y byd creulon hwn. Pan mae'n ymddangos fod

popeth wedi torri i'r fath raddau nes bod fy ngweithredoedd
i yn ddibwrpas, dwi'n dweud wrtha i fy hun nad ydw i'n
gallu gwneud dim ynghylch y byd drwg, ond fy mod i'n gallu
penderfynu bod yn weithred dda. Wedyn dwi'n credu bod hyd
yn oed hyn ychydig dros ben llestri, ac yn penderfynu y bydda
i'n weithred wallus ac annigonol, ond gyda'r bwriad yn y bôn
o fod yn weithred dda. Ac os bydda i'n hwylio ymaith gyda
hynny mewn golwg, fe ddylwn i fod yn iawn.

Dwi'n deall rŵan pam mae gen i gymaint o ddiddordeb
mewn crefydd. Does ganddo ddim oll i'w wneud â Duw;
mae'n ymwneud â phobl. Strategaethau ymdopi yw crefyddau,
bob un ohonyn nhw. Pobl sy'n chwilio am esboniadau, sy'n
ceisio rhesymoli eu bodolaeth, delio â phoen, a phenderfynu
sut i fyw.

Darllenais yn rhywle na fedrwch chi ddewis a dethol
elfennau gorau crefydd ond yn fy marn i, dyna'n union
y dylech chi ei wneud. Ewch ati i ddewis a dethol fel y
mynnoch. Mae llawer o ddoethineb, dirnadaeth a mawredd
ym mhob crefydd – mae pobl wedi bod yn arllwys eu hegni
iddyn nhw ers miloedd o flynyddoedd. O hyn ymlaen, fe
fydda i'n dewis y ffrwythau mwyaf blasus pryd bynnag y
bydda i'n eu gweld, heb orfeddwl am y peth. Os ydy mynd i

eglwys a chynnau cannwyll yn rhoi cysur i mi, dyna wna i. Os
ydw i'n dymuno gwneud nodyn o ddywediadau Bwdhaidd
a'u rhoi ar yr oergell, mae hynny'n iawn hefyd. Roeddwn
i'n arfer teimlo awydd i weddïo dros bobl ond roeddwn i'n
methu gweld sut i wneud hynny, oherwydd 'mod i'n meddwl
bod angen penderfynu ar bwy i weddïo. Bellach, dwi'n treulio
cyfnod tawel yn dymuno'n dda i'm cyd-ddyn heb yr angen am
Dduw fel cyfryngwr.

Un o'r pethau mae bod mewn eglwys yn ei roi i mi yw ei
bod hi'n gwneud i mi deimlo'n fach, ond mewn ffordd dda.
Yn ddiweddar, darllenais nofel o'r enw *To the Bright Edge of
the World* gan Eowyn Ivey. Archifydd amgueddfa sy'n byw
yn Alaska yw un o'r cymeriadau. Treuliodd gyfnod byr yn
Vancouver ond doedd o ddim yn hoffi'r lle. Mae'n egluro bod
Alaska yn gwneud iddo deimlo'n fach mewn ffordd dda, ond
bod Vancouver yn gwneud iddo deimlo'n fach mewn ffordd
wael.

Aha, meddyliais, dyna gyfrinach bywyd. Mae'n help i ni
deimlo'n fach mewn ffordd dda. Rhai o'r pethau sy'n gwneud
hynny i mi yw darllen llyfrau, bod wrth y môr a gwylio'r llanw
a'r trai, hen adeiladau ac amgueddfeydd, gorwedd ar laswellt
yn syllu ar yr awyr drwy ganghennau coeden, a cherdded yn y

tywyllwch gan edrych ar y sêr.

Mae rhai o'r pethau sy'n gwneud i mi deimlo'n fach mewn ffordd wael yn cynnwys y newyddion, cyfryngau cymdeithasol, ffyrdd prysur, cylchfannau, traffig oriau brig a hysbysebu. Mae llawer o'r rhain yn angenrheidiol – dydy hi ddim yn fater o gael gwared arnyn nhw, ond yn hytrach eu deall a lliniaru eu heffeithiau.

Efallai y byddai fy nyheadau ysbrydol yn cael eu diwallu wrth wneud yn siŵr fy mod i'n treulio digon o amser yn teimlo'n fach mewn ffordd dda. Dyma sut rydw i'n teimlo pan fydda i'n nôl Matt o'r Beavers. Dwi'n hoffi cyrraedd yno'n gynnar i wylio diwedd y gêm bêl-droed crancod neu'r tynnu rhaff o bedwar cyfeiriad – beth bynnag yw'r gêm gollwng stêm olaf – a gweld y criw hwn o bobl fach, swnllyd yn adrodd yr Addewid.

'Dwi'n addo gwneud fy ngorau, bod yn garedig a chymwynasgar, a charu Duw.'

Fel roeddwn i yn y bedydd, dwi'n myfyrio'n aml – oherwydd bod y darn am Dduw yn gallu bod yn ddewisol – nad yw'n ffordd ry wael o grisialu sut allen ni i gyd geisio byw.

Darn olaf y pos

Mae un darn olaf gen i i'w osod yn jig-so stori fy mrawd a finnau. Hoffwn ei rannu gyda chi yma.

Bu farw Matty yn 1998 a chafwyd angladd mawr ond hyd y cofiaf, nid oeddem yn gallu wynebu'r cam olaf o nôl ei lwch gan yr ymgymerwr. Roedd hyn yn fy mhoeni dros y blynyddoedd ond doeddwn i ddim eisiau holi fy rhieni, yn rhannol oherwydd ein bod ni i gyd wedi osgoi sôn am Matty rhag ofn ein bod ni'n peri loes i'n gilydd, ond hefyd oherwydd nad oeddwn i'n gallu ymddiried yn fy nghof. Roeddwn i wedi bod mewn gwewyr ac yn ddireolaeth ar ôl yr angladd. Beth petaem wedi cynnal rhyw fath o seremoni nad oeddwn i'n ei chofio oherwydd fy mod i wedi bod mor lloerig a meddw?

Wrth ysgrifennu fy llyfr cyntaf, holais fy mam o'r diwedd. Dywedodd wrthyf nad oeddem wedi nôl ei lwch a bod yr wrn a oedd yn ei ddal yn ddiogel gyda'r ymgymerwr yn Swydd Efrog, ynghyd ag yrnau eraill sydd heb eu nôl, rhai ers hanner can mlynedd. Dywedodd ffrind sy'n gweithio fel cwnselydd profedigaeth nad yw'n anghyffredin i bobl beidio â nôl llwch, yn enwedig yn achos marwolaethau anodd ac annhymig.

Nid ni oedd yr unig rai i gael anhawster i neidio'r glwyd olaf. Unwaith eto, teimlwn ryw gysur dwys o beidio â bod ar fy mhen fy hun.

Bellach, roedd fy rhieni a minnau'n teimlo ei bod hi'n bryd gwneud hynny ac ar ôl llawer o sgyrsiau araf a gofalus, dyma benderfynu gwasgaru llwch Matty yn y môr ger Falmouth ac wedyn gosod plac bach o lechen ar fedd fy nain ym mynwent Swanpool.

Roedd fy nain wedi dewis llain ei bedd a'i phrynu flynyddoedd lawer cyn iddi farw. Mae'n agos at fedd ei rhieni hithau ac arferai fynd i dacluso'u bedd nhw. Wedyn byddai'n eistedd ger lleoliad ei bedd hithau gan edrych allan dros y môr. Roeddwn i'n hoff o fy nain ac yn meddwl amdani fel hen wraig, er mai 59 oed yn unig oedd hi pan fu farw. Mae hyn yn oed ifanc i fod wedi treulio cymaint o amser yn meddwl am ei marwolaeth ac yn cynllunio ar ei chyfer, ond roedd hi eisoes wedi cael canser unwaith a bu farw fy nhaid bedair blynedd cyn hynny ar ôl ei ail drawiad ar y galon. Felly, mae'n bosib fod hynny wedi crisialu ei meddyliau.

Fe fuom yn ystyried claddu llwch Matty yn y bedd ei hun ond doedd hi ddim yn teimlo'n iawn i'w gaethiwo eto, ar ôl iddo dreulio cymaint o amser mewn cyflwr diymateb parhaol. Roeddwn am iddo fod yn rhydd a dilyffethair ac roeddwn yn hoffi'r syniad o'i fwrw i'r gwynt, fel y byddai'n setlo ar y môr lle cyfarfu ein tad ar hap â'n mam am y tro cyntaf wrth Gei'r Tollty yn 1968.

Roeddwn i wedi dychmygu nôl Matty o Swydd Efrog fy hun a'i hebrwng i lawr i Gernyw ar drên neu yn y car, ond yn y pen draw roedd hyn yn ymddangos yn rhy ecsentrig, neu'n rhy anodd ei drefnu, neu'n rhyw gyfuniad dieflig o'r ddau.

Erbyn y Nadolig, roeddem yn barod. Neu a oedden ni? Roedd y saer maen yn nhref Penryn heb ein ffonio ni'n ôl ac roedd hynny'n ymddangos yn rheswm digonol dros oedi. Dywedodd fy mam wrtha i fod y llwch wedi cyrraedd y tŷ ond doedd gen i ddim syniad ble yn y tŷ roedd yr wrn. Y llofft afalau? Y cwpwrdd hir? Y sied? Roeddwn i'n daer eisiau gwybod ond roedd arna i ofn cael gwybod hefyd.

Doeddwn i ddim yn teimlo'n wych. Doeddwn i ddim mewn pwl dwfn o iselder; roeddwn i'n gallu gweithredu, ond roeddwn i'n teimlo'n araf ac yn lletchwith ac yn methu cael pleser mewn dim byd. Roeddwn i'n dymuno gallu gwerthfawrogi bod gyda fy nheulu a theimlo'n falch fy mod i yng Nghernyw ar gyfer y Nadolig, ond roeddwn i'n methu tanio rhyw lawer o sbarc.

Noswyl Nadolig, dyma fynd i Truro ac ysgrifennu rhyw ychydig yng nghaffi Waterstones. Yna prynais bastai o siop Rowe a'i bwyta wrth eistedd ar fainc y tu allan i'r gadeirlan cyn mentro i mewn. Cerddais o gwmpas a dod ar draws y man lle cewch gynnau cannwyll. Goleuadau te, rhai bach a thwt, a'r arwydd yn awgrymu talu punt amdanyn nhw. Rhoddais yr arian yn y blwch metel, cyneuais fy nghannwyll oddi ar un arall a'i gosod gyda'r lleill. Rhaid bod dros gant ohonyn nhw'n pefrio. Edrychais ar y fflamau gan feddwl am yr holl bobl yn Truro a fyddai'n dod yma heddiw i oleuo canhwyllau ar gyfer eu hanwyliaid sydd wedi'u gadael. Gwyliais ddyn a menyw yn cynnau un gyda'i gilydd. Roedd rhywbeth bregus yn y ffordd roedden nhw'n cynnal ei gilydd a wnaeth i mi feddwl fod eu colled yn un ddiweddar.

Ddydd Nadolig, fe fuom yn adeiladu Lego Star Wars, wedyn mynd i Falmouth a cherdded ar hyd glan y môr i wylio'r nofwyr oddi ar draeth Gyllyngvase. Roedd hi'n ddiwrnod heulog ac roedd Matt eisiau mynd i mewn i'r môr, felly dyma adael iddo fynd i mewn yn ei drôns; fe rowliais i fy jîns uwchben fy mhengliniau er mwyn mynd i mewn i'r dŵr bas ato. Roedd wrth ei fodd yn prancio yn y dŵr. Roeddwn i'n llawn cariad ato ond eto roeddwn i'n teimlo fy mod i'n gwylio'r cyfan drwy darth. Edrychais i lawr ar y dŵr yn troelli o gwmpas fy fferau. Doeddwn i ddim hyd yn oed yn gallu dweud a oedd hi'n oer, a oeddwn i'n oer. Roeddwn i'n methu teimlo dim byd.

Yn y prynhawn aethom i'r warchodfa natur yn Kennall Vale, gyda'i phyllau chwarel a'i hen adeiladau olwyn ddŵr. Mae'n lle cyffrous ac mae bob amser yn gwneud i Matt a minnau feddwl am y Gryffalo a Harri Potter ac am fwystfilod. Chwiliodd Matt am frigau i'w defnyddio fel hudlathau a rhoddodd un da i mi er mwyn i mi allu creu Patronus rhag ofn i ni ddigwydd cyfarfod â Dementor. Chwifiais fy hudlath a thrio creu'r atgofion hapus a'r teimladau cynnes angenrheidiol, ond roedd hi'n anodd.

Ddydd Gŵyl San Steffan, aeth fy mam a minnau am dro o amgylch lonydd Ponsanooth. I fyny Ghost Hill, heibio Kennall Vale, ar draws Laity Moor, heibio i'r ffermdy lle mae'r ci bob amser yn cyfarth, i lawr Speech Lane ac ymlaen i

Frog Hill. Roeddwn i eisiau gweld a oedd mynd yn agos at y draphont yn dal i fod yn bosib, fel yr arferai Matty a minnau wneud. Roeddem yn arfer bustachu dros y ffens cyn anelu am yr afon heibio Bluebell Island.

Ymlaen â ni ymhellach i lawr yr allt, ar hyd y llwybr yr arferai fy nain ei ddilyn i ddal y bws i Truro, lle'r oedd hi'n gweithio fel teipydd gyda chwmni o gyfreithwyr. Wedyn bu'n gweithio mewn cartref hen bobl, heb freuddwydio y byddai pawb roedd hi'n gofalu amdanyn nhw'n byw yn hirach na hi. Roedd ganddi becyn o bolo mints bob amser yn ei bag a byddai'n rhoi un i geffyl a fyddai'n dod draw ati bob tro y byddai'n ei gweld. Fe fuom yn pendroni pa gae yn union oedd hwnnw.

Wrth agosáu at y briffordd, dyma droi a mynd yn ôl i fyny.

'Felly, Ca, beth wyt ti'n feddwl am y llwch?' meddai fy mam. 'Wyt ti eisiau gwneud rhywbeth am y peth dros y gwyliau? Does dim angen i ni drefnu'r plac ar yr un pryd. Fe allwn ni wneud hynny rywbryd eto.'

Bob tro roeddwn i'n meddwl amdano, roeddwn i'n teimlo pwysau anobaith yn fy stumog a thasgodd dagrau i fy llygaid.

'Dwi ddim yn gwybod,' meddwn i.

'Wel, does dim brys.'

Nid jôc oedd hynny i fod, ond ar ôl ychydig eiliadau, dyma'r ddwy ohonom yn chwerthin.

'Mae'n debyg y dylen ni wneud. Mae'n codi ofn arna i. Ofn am sut y bydd yn gwneud i mi deimlo.'

'Efallai fod meddwl amdano'n waeth.'

I fyny'r allt â ni.

'Wyddost ti, dwi'n meddwl y dylen ni ei wneud o,' dywedais. 'Dydy o ddim yn debygol o fynd dim haws yn y dyfodol.'

'Wyt ti eisiau gweld y llwch?'

'Ydw, am wn i. Dwn i ddim. Efallai y gallen ni ei wasgaru Ddydd Calan.'

'Neu Nos Galan, efallai? Diwrnod ola'r flwyddyn?'

'Ydy, mae hynny'n syniad da. Wnawn ni hynny.'

Fe gysgais i'n dda y noson gynt. Dywedodd fy mam ei bod hi wedi deffro am bump ac wedi hel llawer o feddyliau da am Matty.

Roedd y llwch o dan wely fy rhieni.

'Mae'r llwch yn drymach ac yn fwy nag y byddet ti'n ei feddwl,' meddai fy mam, gan dynnu pecyn mawr allan.

Agorwyd y blwch cardbord. Roedd y cynhwysydd plastig brown y tu mewn iddo tua'r un siâp a maint â jar melysion hen ffasiwn, y math roedden nhw'n arfer ei gadw yn siop y pentref lle byddai Matty a minnau yn prynu chwarter pwys o *pear drops* neu *pineapple cubes*. Gafaelais yn dynn ynddo. Efallai mai fi oedd yn dychmygu'r peth, ond fe allwn i daeru fy mod yn teimlo rhyw gynhesrwydd yn dod ohono. Fe'i cofleidiais yn dynn at fy mron, gan feddwl fy mod i'n dal y cyfan a oedd yn weddill o Matty yn agos at fy nghalon.

Roedd yn hardd, roeddwn innau'n teimlo'n dawelach ac yn gwybod nad oedd dim i'w ofni. Meddyliais am daldra rhyfeddol Matty, am yr holl le a gymerai pan oedd yn fyw, ac a fyddai potyn llai o lwch gan berson byrrach, tybed.

Rhoddais y blwch yn fy mag Musto glas a gwyn. Doeddwn i ddim eisiau gollwng fy ngafael ynddo ond roedd yn rhaid i mi fynd i'r tŷ bach cyn cychwyn. Byddai mynd â Matty gyda mi yn teimlo'n od, felly dyma'i adael ar y gwely. Dwi'n cofio cael fy nychryn yn llwyr yn angladd fy nhaid pan ddywedodd un o'i chwiorydd wrtha i y byddai bob amser yn edrych i lawr arna i. Doeddwn i ddim yn hoffi'r syniad ohono'n fy ngweld i ar y tŷ bach neu'n pigo fy nhrwyn.

I mewn i'r car â ni, fy rhieni yn y tu blaen a minnau, Matt a Matty yn y sedd gefn.

Dad oedd wedi awgrymu'r lle, y clogwyni ger Little Dennis

lle'r aethom i nofio un Pasg pan oedden ni tua 10 ac 11 oed.
Roedd wedi dweud y byddai'n mynd i'r dŵr pe baen ni'n
dau'n mynd, felly dyma ni'n plymio i mewn yn llawen a
mynnu nad oedd y dŵr yn oer. Fe ddaeth Dad i mewn ar ein
holau a sylweddolodd fod y dŵr yn rhewllyd.

Parciodd Dad yn car yn Pendennis Point ond nid oeddem
yn gallu dod o hyd i'r llwybr i'r man iawn, felly dyma yrru o
gwmpas y gornel, parcio'n nes draw a dod o hyd i risiau cerrig.

Roedd y gwynt yn chwipio'r môr dros y creigiau. Arhosodd
Mam, Dad a Matt yn ôl wrth i mi eistedd ar graig a symud
yn ofalus yn nes at y dŵr. Tynnais y tâp oddi ar wddf y jar.
Roedd y llwch yn fwy brown nag oeddwn i'n ei ddisgwyl, yn
debycach i liw gwenithfaen coch na lludw llwyd. Edrychais
yn ôl ar fy rhieni a Matt, i lawr ar y môr ac i fyny ar yr awyr, a
rhoddais hergwd nerthol i'r wrn.

Gwyliwyd Matty yn chwyrlïo i'r awyr. Roedd y môr yn
torri ar y creigiau. Roedd yn wefreiddiol. Fe daflais i'r llwch
unwaith eto ac eto, nes bod ychydig o ludw ar fy esgidiau ac
ar fy nhrowsus. Rhoddais y caead yn ôl ar yr wrn a'i roi yn ôl
yn y bag. Gwelais fymryn o lwch ar fy mysedd ac fe'i rhwbiais
ar fy mwclis. Roedd rhyddhau Matty i'r awyr a'r môr ar Nos
Galan wyllt a dramatig yn deimlad hudolus.

Roeddwn i'n teimlo rhyddhad corfforol. Wrth i mi sefyll, roedd fy nghorff yn teimlo'n sythach; roedd y pwysau wedi codi oddi ar fy ysgwyddau ac roedd y byd yn ddisglair. Roeddwn i'n gallu dewis teimlo Matty yn unrhyw le, yn y coed neu ger y môr.

Gwyddwn y byddwn yn cofio hwn fel diwrnod hapus a meddyliais tybed a fyddai Matt yn ei gofio hefyd. Stryffaglais yn ôl dros y creigiau a chynnig fy llaw iddo. Gafaelodd ynddi ac i fyny'r grisiau cerrig â'r ddau ohonom.

'Wnest ti fy ngalw i'n Matthew ar ôl dy frawd, Mami?'

Doeddwn i ddim wedi bwriadu gwneud. Dwi wastad wedi bod yn amheus o'r ysfa honno i geisio gweld anwyliaid coll mewn babanod newydd, ond cyn gynted ag y dywedodd y sonograffydd wrthym ein bod yn disgwyl bachgen, roedd yn teimlo'n iawn.

'Do, cariad. Oherwydd roedd o'n hogyn hyfryd ac roeddwn i'n gwybod y byddet tithau hefyd.'

Fe aethom yn ein holau i'r car, mwynhau cinio yn y Pandora Inn cyn ei throi hi am adref a chwarae gêm gardiau o'r enw Newmarket. Roedd Matty a finnau wrth ein boddau â'r gêm yna pan oeddem yn blant ac mae Matt wrth ei fodd â hi rŵan. Fel arfer, byddem yn gamblo gyda matshys, ond y diwrnod hwnnw, ychwanegwyd at yr elfen o gyffro a chystadlu drwy ddefnyddio gweddillion danteithion yr Ŵyl, a chafwyd hwyl ryfeddol wrth ennill darnau Ferrero Rocher a cheiniogau siocled.

Roedd angen trefnu'r plac o hyd ac esgorodd hynny ar bentwr o anawsterau gweinyddol. Mor aml y mae biwrocratiaeth marwolaeth yn rhygnu ymlaen ochr yn ochr â'r teimladau. Roedd fy mam wedi gadael i mi benderfynu ar y geiriau, ond doedd yr awdur yma ddim yn gallu cael gafael ar y geiriau. Y dymuniad oedd dod o hyd i ffordd gain o nodi'r gwahaniaeth rhwng 16 mlynedd gyntaf Matty o fywyd llawn ac yna'r ddamwain greulon a'i chanlyniadau hirfaith gwaeth na marwolaeth, hyd at y foment y bu farw. Doeddwn i ddim yn hoffi unrhyw gynnig gen i ac fe dreuliais i fisoedd yn pendroni.

Yn y pen draw, sylweddolais fy mod i'n sownd unwaith eto ac wedi disgyn i'r fagl o geisio dweud y stori gyfan ar ddarn bach o lechen. Meddyliais, dwi wedi ysgrifennu llyfr cyfan am hyn. Mae'r holl annhegwch ac anghyfiawnder wedi cael cryn sylw. Fe fues i'n meddwl am yr orfodaeth i ddweud ein straeon, teimlo'r boen ac yna gollwng gafael. Roedd yn amser i mi roi llyfr Matty ar y silff a chwilio am straeon eraill i'w byw a'u hadrodd.

Mae wedi bod yn ffarwél hir. Roedd nifer rhyfeddol o benderfyniadau i'w gwneud, ac fe sylweddolais na fyddem wedi gallu gwneud hyn ddim cynt oherwydd ein bod ni'n methu dioddef y sôn angenrheidiol amdano. Yn y pen draw, fe gymerodd y cyfan gymaint o amser ag roedd ei angen i'w wneud.

Mae'n anodd credu bellach 'mod i'n arfer meddwi i'r fath raddau fel y gallwn fod wedi anghofio am ddelio â'r llwch. Dydw i ddim yn edrych yn ôl gyda chywilydd, dim ond â chydymdeimlad dwys, dwys â'r ferch druan honno a oedd ar goll yng nghanol y fath boen.

'Dwi'n gwybod nad wyt ti'n hoffi'r gair, ond derbyn yw hyn, ynde?' meddai fy mam. 'Mater o orfod ei dderbyn.'

Ac edrychais i'r dyfodol, lle dwi'n sefyll wrth ymyl plac Matty yn cofio ein hen jôcs, cyn edrych allan dros fôr dwfn glas Falmouth, a dweud, 'Ie'.

Matthew Peter Mintern
1974–1998
Deeply loved, always missed
Ashes scattered at sea

Ofn marw

Yn gryno, boed i chi wybod hyn: mae bywydau
dynol yn fyr ac yn ddibwys. Ddoe, yn ddiferyn
o had; yfory, yn hylif eneinio, llwch.

Marcus Aurelius

Dwi wedi bod yn darllen Marcus Aurelius, ymerawdwr
Rhufeinig o'r ail ganrif a ysgrifennodd gyfres o fyfyrdodau
ac ystyriaethau, i'w gadw'i hun ar y llwybr cul yn anad dim.
Mae'n gymaint o gysur gwybod bod ymerawdwr Rhufain
bron 2,000 o flynyddoedd yn ôl yn poeni am yr un pethau
fwy neu lai â mi heddiw. Wrth gwrs, doedd dim rhaid iddo
lywio'i ffordd drwy Twitter, ond mae'n debyg fod bod yn
ymerawdwr a chael eich wyneb ar yr holl ddarnau arian yn
arwain at rai problemau eithaf sylweddol ynglŷn â dilysrwydd.

I raddau helaeth, roedd yn delio â'i bryderon – ei ffurf yntau ar 'avataritis' – drwy ddweud wrtho'i hun pa mor ddibwys yr ydoedd yn nhrefn pethau. Mae bywyd yn fyr ac yn fregus, felly ewch ati i sicrhau eich bod yn gwneud y gorau ohono.

Dydw i erioed wedi ofni marw, mae'n debyg bod hyn oherwydd i mi dreulio cymaint o amser yn byw er fy ngwaethaf. Yn fy marn i, dyma waddol niwed. Mae Josephine Hart yn ei nofel, *Damage*, yn awgrymu bod pobl sydd wedi'u niweidio yn beryglus oherwydd eu bod yn gwybod y byddan nhw'n goroesi. Dwi wrth fy modd â'r nofel honno ac mae harddwch barddonol i'r syniad hwnnw, ond dydw i ddim yn meddwl ei fod yn wir – yn fy achos i, beth bynnag. Mae pobl sydd wedi'u niweidio yn gwybod y gallai ddigwydd eto. Dyna ein problem fwyaf.

Sut ydych chi'n mynd drwy fywyd gyda'r wybodaeth erchyll yn llechu y gallai'r fwyell ddisgyn unrhyw bryd? Efallai ei bod eisoes wedi disgyn, ond nad ydych chi wedi cael yr alwad ffôn eto. Mae hyn yn fy nghaethiwo'n aml – panig sydyn fod yr hyn dwi'n ei ofni fwyaf wedi digwydd, ond nad ydw i wedi cael gwybod eto. Nid poeni y bydda i'n marw ydw i, ond poeni y bydd y bobl dwi'n eu caru yn marw – o bosib mewn rhyw ffordd ddychrynllyd, hirfaith – ac y bydd yn rhaid i mi dystio i hynny a methu dygymod. Dwi'n rhy ymwybodol o unrhyw ffawd sy'n waeth na marwolaeth. Wrth gwrs, dydy bod yn y stad yma o wyliadwriaeth gyson yn gwneud dim lles i mi. Mae'n golygu, waeth beth ydy manteision fy mywyd fel y mae, nad ydw i'n credu y bydd fy lwc dda bresennol yn parhau.

Dwi wedi sylwi, wrth i ansawdd fy mywyd wella, wrth iddo deimlo'n llai o daith ddigysur ac yn fwy o dro hamddenol, wrth i mi ddechrau sylweddoli fy mod yn gallu ystyried bywyd yn beth pleserus ar y cyfan, wrth i mi ddod yn fwy ymwybodol o harddwch a phosibiliadau bywyd ac yn fwy abl i ymdopi â thystio i dristwch pobl eraill, fy mod i'n fwy ofnus ynghylch fy niogelwch fy hun. Dwi'n fwy nerfus ynglŷn â pheryglon posib, yn fwy gwyliadwrus o lonydd tywyll. Mae'n debyg bod hynny'n gwneud synnwyr. A minnau rŵan yn cael ychydig o hwyl yn chwarae'r gêm, dydw i ddim eisiau iddi ddod i ben.

Wedi dweud hynny, er fy mod i newydd ddechrau gwerthfawrogi bywyd, fy mhryder pennaf yw'r ofn o adael fy mab. Pan oeddwn i tua 15 oed, fe welodd fy ffrind a minnau ffilm o'r enw *Who Will Love My Children?*. Ynddi roedd mam a oedd yn marw yn gorfod dod o hyd i gartrefi i'w phlant, yn cynnwys y rhai llai dymunol na'i gilydd, a cheisio dod o hyd i wraig newydd ar gyfer ei gŵr di-werth.

Dyma'r math o beth dwi'n chwerthin arno yng ngolau dydd – ers blynyddoedd, bob tro y bydda i'n swnian ar y gŵr, dwi'n lleddfu'r ergyd drwy ddweud fy mod yn ei hyfforddi ar gyfer ei wraig nesaf – ac yn hel meddyliau amdano yn ystod yr oriau mân. Beth wna i os nad oes gen i ddigon o amser? Dwi'n poeni. Beth petai bws yn fy nharo yn hytrach na salwch ac nad ydw i wedi paratoi rhestr wirio drylwyr iawn? Beth fyddai fy ngŵr a fy mab yn ei wneud wedyn?

Cefais sawl noson yn ddiweddar yn effro, fy mhen i'n troi, yn hel meddyliau am dynged y byd, yn ofni'r apocalyps, yn meddwl am Matt a sut i'w gadw'n ddiogel, am sut y byddai'n ymdopi hebddo i. Pan oedd yn fach iawn, roeddwn i'n ofni y byddai'n marw yn y nos; wrth iddo dyfu'n hŷn, roeddwn i'n ofni y byddwn yn colli golwg arno am eiliad ac y byddai'n crwydro i'r ffordd neu'n cael ei gipio. Rŵan, dwi'n poeni am yr holl rwystrau a fydd yn ei wynebu o a'i ffrindiau bach; y bydd yn rhaid iddyn nhw ymdopi â phopeth a wnaethon ni, ond hefyd lywio drwy fywyd ar-lein. Meddyliais, pe bawn i'n ildio i fy holl reddfau mamol, y byddwn yn cloi Matt mewn ystafell, yna'n gorwedd ar lawr wrth ymyl y drws – fel rhyw fath o ataliwr drafft dynol, yn ei ddiogelu rhag unrhyw beth a allai ei lygru neu ei niweidio. Wrth gwrs, dwi'n gwybod bod hyn yn wallgof ac mai un o'r pethau gwaethaf y gallwn ni ei wneud i'n plant yw poeni gormod amdanyn nhw. Dyma waddol trawma: rydym yn treulio cymaint o amser yn rhagweld arswyd newydd fel ein bod yn dinistrio'r presennol.

Felly, yn feddyliol, dechreuais lunio cyngor iddo yn ystod yr oriau di-gwsg, pe bai trychineb yn fy atal rhag dweud wrtho wyneb yn wyneb. Dechreuais ei deipio fore trannoeth gan sylweddoli'n raddol, fel fy nain yn eistedd wrth lain ei bedd yn y fynwent, fod derbyn fy marwolaeth a chynllunio ar ei chyfer a chydnabod natur fregus bywyd yn well ar gyfer fy ngorbryder i na cheisio'i anwybyddu. Wrth i mi deipio, dyma feddwl i ba raddau mae'r byd yn fwy gelyniaethus nag y bu erioed, neu ai'r ffordd rydym yn ei ddefnyddio sy'n gwneud i ni feddwl hynny. Meddyliais am yr heriau a wynebid gan fy nghynfamau yn eu hogofâu, gan famau drwy'r oesoedd, gan fenywod a ffarweliodd â meibion a orfodwyd i fynd i ryfela, gan fy nwy nain, a theimlais yn dawel fy meddwl ac yn wylaidd wrth feddwl amdanaf fy hun yn y fath gwmni. Beth bynnag ddaw, bydda i'n ei wynebu. Ddaw dim daioni i Matt os yw fy mhryder i am ei les yn y dyfodol yn fy rhwystro rhag bod yn fam gariadus a hwyliog yn y presennol.

Gydag amser fe ddes i ddeall na allwn arbed fy mab na mi fy hun rhag poen bywyd, ond y byddwn yn gallu rhannu'r hyn roeddwn wedi'i ddysgu, ac mae'n debyg y byddai'n gwneud lles i mi ddilyn rhywfaint o fy nghyngor i fy hun.

Annwyl Matt,

Ar hyn o bryd, rwyt ti'n saith oed, ond dwi wastad wedi meddwl amdanat fel oedolyn sydd wrthi'n cael ei ffurfio. Dydy hi ddim yn ormod o naid i ddychmygu'r sgyrsiau y gallem eu rhannu dros y blynyddoedd. Gobeithio y cawn ni eu rhannu go iawn ond rhag ofn na fyddwn ni, dwi'n ysgrifennu ambell beth ar ddu a gwyn. Wrth gwrs, fe elli di anwybyddu hyn i gyd, ac fe ddylet ti wneud, ond mae llunio'r rhestr hon i ti wedi fy nifyrru.

Mae'r rhan fwyaf o hyn ar dy gyfer di pan fyddi di'n hŷn. Mae llawer iawn o aeddfedu yn ymwneud â dysgu sut i guddio dy deimladau er mwyn dy amddiffyn dy hun, a llawer iawn o fod yn oedolyn go iawn yn ymwneud â dad-wneud yr holl fesurau amddiffynnol hynny a dysgu pwy hoffet ti fod go iawn. Ond am y tro…

Mae plant yn gallu bod yn filain

Y ddau beth gorau am dyfu i fyny ydy bod pobl yn mynd yn fwyfwy dymunol a bod gen ti fwy o reolaeth dros bwy rwyt ti'n treulio amser yn eu cwmni. Gobeithio bod gen ti lwyth o ffrindiau da ar hyn o bryd, ond os nad oes, neu os wyt ti'n gorfod dioddef pobl annymunol yn yr ysgol, dwi'n addo y bydd hyn yn gwella wrth i ti fynd yn hŷn. A phaid byth ag anghofio…

Mae pobl gas yn drist ar y tu mewn

Dyma'r gwirionedd mwyaf. Mae'r ysfa sydd gan bobl i fwlio yn deillio o'u poen eu hunain. Pan fydd unrhyw un yn ymddwyn mewn ffordd nad wyt ti'n ei hoffi, mae'n gallu helpu i gofio eu bod yn debygol o fod yn anhapus. Efallai nad ydyn nhw yn deall hynny eu hunain, hyd yn oed.

Tria beidio â chymryd pethau'n bersonol

Pan fydd pobl yn gas neu'n anghwrtais, mae'n debyg nad ydyn nhw'n bwriadu bod. Tybia eu bod yn cael diwrnod, wythnos neu flwyddyn wael a thria beidio â chael dy fachu gan eu crafangau. Dwi'n hoffi'r hyn y mae mam fy ffrind Gerard yn ei ddweud wrth wynebu ymddygiad od: 'Duw a'u helpo, efallai nad ydyn nhw'n teimlo'n iawn.'

Bydda'n garedig yn hytrach nag yn glyfar

Yn aml, fe ddaw cyfle i ddweud neu wneud rhywbeth cas, doniol neu frathog ar draul rhywun arall. Mae'n well osgoi'r wefr o ddangos pa mor glyfar wyt ti a bod yn garedig yn lle hynny.

Mae popeth bob amser yn ymwneud yn llai â thi nag wyt ei ti'n feddwl, a hefyd yn ymwneud yn fwy â thi nag wyt ti'n ei feddwl

Mae hon yn un o gyfrinachau mawr bywyd. Mae popeth yn llai amdanat ti nag wyt ti'n ei feddwl, oherwydd dy fod ti'n fod dynol ac mae pobl eraill o dy flaen di wedi teimlo popeth rwyt ti'n ei deimlo. Mae popeth yn ymwneud yn fwy â thi nag rwyt ti'n ei feddwl, oherwydd bod gen ti fwy o rym bob amser i effeithio ar dy amgylchiadau nag rwyt ti'n ei feddwl.

Paid â meddwl mai ti sy'n gyfrifol am broblemau'r byd

Gofala am bobl eraill, ond nid ar dy draul di dy hun. Ti sy'n dod gyntaf.

Ti wyt ti, gad i bawb arall fod yn nhw eu hunain

Tria beidio â bod yn feirniadol a dirmygus. Dydy gwneud hynny byth yn arwain i le da. (Mae hyn yn anodd iawn i'w wneud, gyda llaw, ond dwi wedi dysgu bod unrhyw agwedd feirniadol sydd gen i yn dweud mwy amdana i nag am y person arall.) Sy'n dod â ni i at:

Y rheol 'oedolyn ar sgwter'

Pan fydda i'n gweld oedolyn ar sgwter, weithiau dwi'n meddwl, Www, am beth gwych i'w wneud, am hyfryd, fe hoffwn i wneud hynny, efallai y gallwn i. Dro arall dwi'n ymateb mewn ffordd dywyll a dig gyda gormod o eiriau cas i'w rhoi ar bapur. Mae hyn, wrth gwrs, yn dweud mwy amdana i nag am yr oedolyn sydd ar y sgwter a dwi wedi dysgu defnyddio'r wybodaeth hon i fy rhwystro rhag taflu cysgod ar hapusrwydd pobl eraill a sathru ar unrhyw beth sy'n mynd yn groes i fy hwyliau. Pan wyt ti'n teimlo'n ddig tuag at rywun neu rywbeth, mae'n werth ystyried ai ti sydd wrth wraidd y dicter.

Tria dorri dy gŵys dy hun heb boeni am yr hyn y mae pobl eraill yn ei wneud

Cymharu, cystadlu a chenfigennu yw'r tri bwgan. Mae'n naturiol i'w teimlo, ond mae canolbwyntio ar dy weithredoedd di dy hun yn well o lawer. Poena lai am y pethau nad wyt ti'n gallu eu gwneud a mwynha'r rheini rwyt ti'n gallu eu gwneud. A phaid â throi dy drwyn ar bethau. Does dim rhaid i ti hoffi popeth. Canolbwyntia dy egni ar chwilio am y pethau rwyt ti'n eu caru, yn hytrach na dweud wrth bawb arall pam nad yw'r hyn maen nhw'n ei garu yn werth y drafferth.

Meddylia'r gorau am bawb hyd eithaf dy allu

Paid â rhagdybio problemau pobl eraill. Dwyt ti byth yn gwybod pa mor hir yw rownd bapur rhywun arall ac mae'n gallach tybio bod gan bawb groes i'w chario.

Bydda'n chwilfrydig

Mae chwilfrydedd yn nodwedd wych a does dim rhaid i ti ddeall popeth na gwybod yr atebion i gyd i fwynhau archwilio bywyd a syniadau.

Mae hi bron bob amser yn fater o gawlach yn hytrach na chynllwyn

Mae hyn yn wir, yn enwedig yn y gwaith, a bydd yn arbed llawer o amser a straen i ti os wyt ti'n sylweddoli bod pobl eraill yn ddiffygiol neu'n ddiofal fel arfer, yn hytrach nag yn fwriadol gas.

Dymuna'r gorau i bawb, gan gynnwys ti dy hun

Paid â thrio gorfodi na chamarwain pobl i wneud yr hyn nad ydyn nhw am ei wneud. Dydy hyn byth yn gwneud lles i neb yn y pen draw.

Tria beidio â bod y math o berson sy'n dweud, 'Dwi'r math o berson sy'n…'

Mae'n werth meithrin hyblygrwydd. Yn aml, mae ofn yn llechu y tu ôl i'r hyn rydyn ni'n meddwl nad ydyn ni'n ei hoffi. Mae cadw meddwl agored am yr hyn sydd gan fywyd i'w gynnig bob amser yn talu ar ei ganfed.

Dysga ddygymod â chael dy wrthod

Does wybod sut fyddi di'n ennill dy fara menyn, ond mae dysgu ymdopi â chael dy wrthod yn hanfodol os byddi di'n anelu'n uchel, oherwydd fe fydd hyn yn digwydd yn aml. Dyma fydda i'n ei ddweud wrth awduron sydd heb gyhoeddi eu gwaith eto ac mae'n berthnasol i unrhyw sefyllfa lle'r wyt ti'n agored i farn pobl eraill: gwna'n siŵr dy fod yn casglu llythyrau gwrthod. Rheda o gwmpas y maes parcio gan droelli dy ratl pêl-droed. Mae angen i ti weiddi, 'Hwrê! Fe rois i gynnig arni. Roeddwn i ar y cae. Fe driais i. Roeddwn i'n barod i fentro.' Dathla hynny.

Bydda mor onest â phosib

Wnaeth cyfrinachedd erioed wella unrhyw sefyllfa.

Mae tor calon a dolur calon yn rhan o fod yn ddynol

Byw neu farw, dydw i ddim yn mynd i allu dy arbed di

rhag poen. Mae'r byd yn gallu bod yn greulon weithiau, ond teimla dy deimladau, gofynna am help, sylwa ar garedigrwydd a chwilia am y cyrains yn y gacen.

Pos jig-so yw bywyd

Weithiau, efallai y byddi di'n teimlo dy fod wedi colli ambell ddarn neu nad ydyn nhw'n ffitio. Tria beidio â phoeni gormod am hyn. Canolbwyntia ar y darnau rwyt ti'n gallu'u rhoi at ei gilydd. Rydym yn tueddu i fod yn flin wrthyn ni'n hunain am beidio â chael trefn ar bopeth, ond mae cymaint i'w weld, i'w deimlo ac i'w ddysgu. Mae perffeithrwydd nid yn unig yn amhosib, ond oni fyddai hefyd yn wirioneddol ddiflas?

Fel y dywedodd Oscar Wilde, 'Mae pob un ohonom yn y gwter, ond mae rhai ohonom yn edrych ar y sêr'

Mae bywyd yn anodd i bawb, o leiaf rywfaint o'r amser. Pan fydd pwysau bywyd yn drwm arnaf, mae'n fy helpu i anadlu'n ddwfn am ychydig a chwilio am y sêr.

Gwna dy orau. Bydd yn garedig ac yn gymwynasgar

Dwi wedi dwyn hwn oddi ar y Beavers. Mae'n nod eithaf da. Weithiau, efallai y byddi di'n teimlo na elli di wneud dy orau ac mae hynny'n iawn hefyd. Ambell ddiwrnod, bydd hi'n hen ddigon ceisio peidio â gwneud dy fywyd dy hun na bywyd neb arall yn waeth.

Paid â phoeni am beidio â bod yn hapus

Dydy bywyd ddim i fod yn gawod ddiddiwedd o hapusrwydd hunanol. Dydy trio bod yn hapus erioed wedi gweithio i mi. Os ydw i'n disgwyl fy mod i'n haeddu llai, os ydw i'n trio bod yn ddefnyddiol, os ydw i'n chwilio am ffyrdd i greu ystyr a phwrpas i mi fy hun ac i eraill, mae rhywbeth tebyg i hapusrwydd yn tywynnu ar y gorwel.

Cariad yw'r ateb a'r feddyginiaeth

Dwi'n gobeithio y cawn ni dreulio llawer o amser gyda'n gilydd ond, beth bynnag sy'n digwydd, dwi'n gobeithio y byddi di bob amser yn gwybod fy mod i'n dy garu di'n fawr iawn. Efallai nad oedd yn ymddangos felly pan oeddwn yn gweiddi arnat ti i wisgo dy sanau neu i orffen dy uwd, ond roeddwn bob amser yn llawn cariad tuag atat. Cara'n eang, cara'n aml. Dyna fyddwn i'n ei ddweud. Cara â'th galon gyfan er dy fod yn ofni na fyddai'n goroesi'r golled. Dyna'r unig ffordd y byddi di'n gallu byw i'r eithaf.

Byddi di'n gwneud camgymeriadau

Wrth gwrs y byddi di. Drwy wneud camgymeriadau rydym yn dysgu.

Mae'n iawn newid dy feddwl

Roedd gen i farn ar bob math o bethau ar un adeg ond dwi'n mynd yn llai argyhoeddedig o unrhyw beth wrth i mi fynd yn hŷn. Yr unig beth dwi'n ei wybod i sicrwydd yw bod mwy yn ein cysylltu ni nag sy'n ein rhannu ni, a bod angen mwy o garedigrwydd a goddefgarwch yn y byd o hyd.

Ti sy'n gyfrifol am dy ymddygiad di dy hun

Mae hyn yn wir iawn. Fel y dywedodd Viktor Frankl, 'Gellir dwyn popeth oddi ar ddyn heblaw am un peth: y rhyddid dynol olaf – i ddewis eich agwedd dan unrhyw amgylchiadau penodol, i ddewis eich llwybr eich hun.'

Tria fod yn berson parchus, rho fwy o ddaioni nag o ddrwg i'r byd, ond cofia roi dy hun yn gyntaf a derbyn nad oes dim o'i le ar fod yn ffaeledig. Os bydd di'n gallu dy drin di dy hun â chariad a pharch, bydd popeth da yn dilyn. Cofia, rwyt ti'n arbennig, a phawb arall hefyd.

Anwybydda fy holl gyngor

Wrth gwrs, mae croeso i ti anwybyddu hyn i gyd, fel rwyt

ti'n aml yn anwybyddu'r cyngor da dwi'n ei roi i ti rŵan. (Dydw i ddim wedi cynnwys y geiriau doeth ei bod hi'n well gwneud unrhyw dasgau neu waith cartref ar unwaith, gan fy mod yn dweud hynny wrthyt ti bron yn ddyddiol yn barod, heb unrhyw arwydd dy fod ti'n cytuno â mi.)

Fe hoffwn i orffen drwy ddweud wrthyt ti am fod yn ddiogel. Dyna fy swydd fel dy fam, fy mhwrpas o ran esblygiad: trio dy gadw'n ddiogel.

Ond dydw i ddim am wneud hynny. Dwi'n cofio'r ddau ohonom yn mynd ar drywydd Dementors yn Kennall Vale. Dwi wedi cadw'r hudlath a roddaist i mi'r diwrnod hwnnw. Fe'i golchais dan y tap y tu allan a'i chludo o Gernyw i Lundain lle mae'n eistedd ar fy nesg, gan fy atgoffa ohonot ti a fi a hud. Dwi'n ei chodi rŵan ac yn creu swyn i dy freintio di â gwytnwch, chwilfrydedd, caredigrwydd, gallu iach i fentro ac, wrth gwrs, cariad.

Fi yw dy fam a ti yw fy mab a bydd hynny'n wir am byth. Roedd yr amser a gefais yn dy gwmni yn fraint ac yn anrhydedd.

Gofala dy fod ti'n byw, yn caru, yn neidio, fy annwyl fab.

Safbwynt o wely angau

Un o fy hoff nofelau yw *Moon Tiger* gan Penelope Lively. Mae'r arwres, Claudia Hampton, yn awdur sydd wedi byw bywyd hir, llawn bwrlwm, llwyddiant a thristwch. Rŵan, a hithau yng nglyn cysgod angau yn yr ysbyty, yn effro ac yn anymwybodol am yn ail, mae Claudia yn cofio'i bywyd yn ei holl ddwyster, ei chariadon, ei llwyddiannau, ei siomedigaethau a'i dolur calon. Dwi wedi bod yn argymell y nofel hon ers blynyddoedd – dwi'n hoffi llyfrau byr am ferched anghonfensiynol, am gariad, am yr Ail Ryfel Byd ac am natur hanes ac adrodd straeon – ond dim ond yn ddiweddar dwi wedi sylweddoli'r union reswm fy mod mor hoff ohoni, yr hyn sy'n gwneud i mi annog fy ffrindiau i'w darllen. Oherwydd ei bod hi'n cynnig gobaith ac uchelgais o fath. Mae Claudia yn llywio'i ffordd drwy boenau bywyd yn ddigon da i ddal ati, i barhau i chwarae'r gêm, i gyrraedd y safbwynt sydd ganddi ar ei gwely angau.

Dyma'r hyn dwi'n anelu ato, i mi fy hun, i'r bobl dwi'n eu caru ac i bawb yn y byd: ein bod yn llwyddo i fwy drwy stormydd bywyd ac i weld yn bell. Dwi am i ni allu edrych yn ôl ar lawenydd a galar ar ddiwedd oes hir, a gweld sut maen nhw'n gwau gyda'i gilydd.

Yn ddiweddar, mae wedi bod yn fuddiol troi at y safbwynt hwn o dro i dro. Pan fydda i'n cael trafferth penderfynu a ddylwn i wneud rhywbeth ai peidio, bydda i'n gofyn i mi fy hun – ar ddiwedd fy oes hir, beth fydda i'n dymuno fy mod wedi'i wneud? Pan fydda i'n teimlo'n flin neu'n drist am rywbeth, bydda i'n gofyn i mi fy hun, fyddi di'n poeni amdano ar dy wely angau?

Mae hon yn ffordd hynod ddefnyddiol o dawelu fy meddwl, yn ffordd dda o benderfynu beth sy'n bwysig. Pan fydda i ar fin marw, dwi'n gwybod na fydda i'n difaru peidio â threulio mwy o amser gyda chur pen ar ôl noson fawr, neu'n cael fy ngwylltio gan farn pobl eraill ar Twitter. Fydda i ddim yn dymuno cael mwy o eiddo na byw mewn tŷ mwy. Bydda i'n falch fy mod wedi gweithio'n galed, yn falch os bues i o help neu i mi wneud gwahaniaeth mewn unrhyw ffordd. Fydda i byth yn meddwl bod gweithred o garedigrwydd yn wastraff amser. Bydda i'n falch fy mod wedi ysgrifennu ambell lyfr – sawl un, gobeithio – a dwi'n gwybod y bydda i'n ddiolchgar am bob arwydd o gariad a phob un jôc. Bydda i'n meddwl am yr holl bobl sy'n bwysig i mi, am bob ymwneud â'n gilydd, yn cofio caredigrwydd dieithriaid, llawenydd fy ffrindiau, fy lwc dda wrth gael fy ngeni i deulu hyfryd, troeon yr yrfa a'm harweiniodd i at ddyn tal, swil, caredig fel y gallem greu plentyn gyda'n gilydd ac iddo waed pobl yr Iseldiroedd, Iwerddon a Chernyw yn llifo drwy ei wythiennau.

Flynyddoedd yn ôl, darllenais nofel o'r enw *The Colour of Heaven* gan James Runcie, lle mae'r naill gymeriad yn gofyn i'r llall llais pwy fyddai eisiau ei glywed wrth iddo farw. Parodd hynny i mi sefyll yn stond. Roeddwn i mewn perthynas flêr ar y pryd, lle nad oedd yr un iot o'r pethau a'n denodd ni at ein gilydd wedi llwyddo i droi'n fath da o gariad. Fyddwn i ddim eisiau clywed ei lais o pan oeddwn i'n marw, meddyliais, neu hyd yn oed pe bawn i, fyddai o ddim yno, ond yn hytrach yn rhywle arall, ar berwyl drwg, yn trio tynnu sgwrs ag un o fy ffrindiau.

Roeddwn i'n unig ar y pryd, yn galaru am fy mrawd a heb angor ar fôr o drallod, yn methu gweld y tir ar yr ochr draw. Allwn i ddim dychmygu y byddwn i'n dod o hyd i unrhyw

un i fy ngharu, y byddai gen i blentyn, y byddwn yn dod o
hyd i lais roeddwn i'n dymuno'i glywed. Rŵan, dwi'n credu y
byddwn yn clywed twrw torf. Dydw i ddim yn mynd i setlo
am un llais: fe hoffwn i gael côr o'r holl bobl dwi wedi eu
caru erioed i fy suo i gysgu am y tro olaf. Dwi'n dychmygu
gweledigaeth brydferth, dan ddylanwad morffin efallai, o'r byw
a'r meirw yn canu nerth eu pennau ac yn gwenu arna i nes i mi
gau fy llygaid am y tro olaf.

Dros y flwyddyn ddiwethaf, dwi wedi dod yn ffrind i
fywyd ac i farwolaeth. Dwi wedi sylweddoli bod cadw cwmni
i rywun pan fydd yn marw yn ddyletswydd sanctaidd. O'r
diwedd, dwi'n falch i mi gael y fraint o helpu fy mrawd drwy
ei farwolaeth hir. Mae'n anrhydedd i mi 'mod i wedi sefyll
ochr yn ochr â ffrindiau wrth iddyn nhw ymdopi â phob math
o golledion. Yn nhrefn naturiol pethau, bydda i'n ymgymryd
â'r ddyletswydd honno i fy rhieni. Dwi'n gwybod rŵan y bydd
melyster yn fy ngalar amdanyn nhw, gan fy mod i'n gwybod
mai dyna'u dymuniad. Maen nhw am i mi fyw ar eu hôl. Fe
fydden nhw'n hoffi gallu marw ar yr un pryd â'i gilydd, gan
wybod bod Matt a minnau'n ddiogel. Maen nhw eisoes yn
teimlo'u bod wedi llwyddo i gyflawni rhywbeth drwy fyw
cyhyd, gan i'r ddau fyw'n hirach nag y gwnaeth eu rhieni.

Dywedodd fy mam wrtha i'n ddiweddar ei bod hi'n deffro
bob bore yn meddwl, Wwww, dwi'n dal yn fyw. Dwi wedi cael
diwrnod arall. Mae honno'n agwedd ardderchog i'w meithrin,
greda i.

Os ydym yn meddwl yn nhermau cynnwys a phroses,
bywyd ei hun yw'r broses, taith o ddiniweidrwydd i brofiad.
Gadewch i ni obeithio y byddwn ni i gyd yn edrych yn ôl ar
ein cynnwys o'n gwely angau, gyda thristwch fwy na thebyg,
ond hefyd gyda llawenydd.

Rydym yn gwybod bod caru a cholli yn rhagori ar beidio
â charu o gwbl. Y cwestiwn mawr yw, unwaith y bydd y bom
llaw wedi ffrwydro, ar ôl i'r fwyell ddisgyn, sut ydych chi'n
byw gyda'r wybodaeth y gallai ddigwydd eto? Mae eisiau
arfwisg emosiynol ar bawb i'w hamddiffyn eu hunain, ond yr
unig ffordd i amddiffyn rhag colled yw drwy osgoi cariad o
gwbl. Nid dyna'r ffordd i fyw eich bywyd.

Felly, sut ydyn ni'n byw ac yn caru gan wybod y gallai
popeth newid mewn ennyd? Dyma, dwi'n credu, yw'r hyn
dwi'n ei wybod rŵan. Does dim angen i ni drwsio calonnau
sydd wedi torri, dim ond sylweddoli bod ein calonnau'n
dal i dyfu. Does dim pen draw i'n gallu i garu. Unwaith y
derbyniwn ni fod dolur calon yn rhan o fywyd, fe allwn ni

gydnabod ein poen, teimlo'n teimladau a rhoi'r gorau i ddianc. Yna fe allwn ni edrych am ffyrdd i wasanaethu, mwynhau'r cyrains yn y gacen a meddwl mor braf yw bod yn fyw yn y byd prydferth hwn.

Darllen i deimlo'n well

Mae llu o bleserau a manteision yn deillio o ddarllen a bu'n ffrind i mi gydol fy oes. Pan fydda i'n iach, y bwriad yw i lyfrau estyn fy meddwl a fy llusgo allan o fy myd i fy hun. Pan fydda i'n teimlo'n isel, dwi'n chwilio am gysur a chwmnïaeth addfwyn. Dyma rai o'r llyfrau sydd wedi dal fy llaw drwy adegau tywyll, weithiau'n dysgu gwers ddefnyddiol i mi, weithiau ddim ond yn eistedd ac yn cadw cwmni i mi wrth i ni aros i'r gwynt droi.

DARLLEN CYSURLON

Weithiau mae angen i chi ddiffodd y byd a chropian o dan y garthen gyda hen ffrind. Dwi'n dychwelyd at y llyfrau yma dro ar ôl tro.
• *I Capture the Castle* gan Dodie Smith
• *Mapp and Lucia* gan E. F. Benson

- *The Pursuit of Love* gan Nancy Mitford
- Popeth fwy neu lai gan P. G. Wodehouse a Georgette Heyer

Mae nofelau trosedd sydd wedi'u gosod yn y gorffennol yn hynod o gysurlon, yn enwedig gwaith Agatha Christie, Patricia Wentworth a chyfres Brother Cadfael gan Ellis Peters.

Llyfrau a fydd yn gwneud i chi grio

Dwi wrth fy modd yn colli deigryn dros lyfr – i mi, mae fel gollwng aer o system wresogi. Mae'r rhain i gyd yn gwneud i mi feichio crio, ond bydda i'n teimlo'n well wedyn.

- *Little Women* a *Good Wives* gan Louisa M. Alcott
- *To Serve Them All My Days* a *Diana* gan R. F. Delderfield
- *The Thorn Birds* gan Colleen McCullough
- Llyfrau Anne gan L. M. Montgomery – yn enwedig yr un olaf, *Rilla of Ingleside*
- *The Time Traveler's Wife* gan Audrey Niffenegger

Iechyd meddwl

Mae darllen am anawsterau iechyd meddwl pobl eraill yn sbarduno cyflyrau rhai pobl, ond dwi'n ei chael hi'n rhyddhad mawr i wybod nad ydw i ar fy mhen fy hun ac fy mod i'n gallu ymgynefino â strategaethau goroesi pobl eraill. Mae pob un o'r llyfrau hyn wedi cynnig gwybodaeth a gobaith i mi, ac mae eu darllen wedi fy helpu mewn rhyw ffordd.

• *Mad Girl* gan Bryony Gordon
• *Making It Up As I Go Along* gan Marian Keyes
• *Anxiety for Beginners* gan Eleanor Morgan
• *Ymwybyddiaeth Ofalgar: Canllaw Pen-tennyn* gan Ruby Wax
• *Rhesymau dros Ddal Ati* gan Matt Haig
• *Ymwybyddiaeth Ofalgar* gan Mark Williams a Danny Penman

MARWOLAETH A GALAR

Mae closio'n agos at alar a marwolaeth yn bendant wedi gweithio i mi, a thrwy syllu i fyw llygad y ddau yn ddigynnwrf, dwi wedi gallu ffarwelio â rhai o fy ofnau.

• *All at Sea* gan Decca Aitkenhead
• *Levels of Life* gan Julian Barnes
• *Undying* gan Michel Faber
• *Being Mortal* gan Atul Gawande
• *When Breath Becomes Air* gan Paul Kalanithi
• *Do No Harm* gan Henry Marsh
• *Grief Works* gan Julia Samuel

HARRY POTTER

Mae llyfrau Harry Potter yn gweddu i bob categori. Dwi
wrth fy modd gyda nhw erioed ac mae eu darllen yn uchel
i Matt dros gyfnod ysgrifennu'r llyfr hwn wedi gwneud i mi
werthfawrogi'n fwy fyth pa mor ddoeth ydyn nhw ynghylch
popeth o unigrwydd i fwlio a delio â marwolaeth. Fe fyddai'n
dda i ni i gyd gael mymryn mwy o hud yn ein bywydau a
dysgu sut i greu Patronus...

Ysgrifennu dyddiol

FY NGHWESTIYNAU

Dyma'r awgrymiadau ar gyfer fy ymarfer ysgrifennu dyddiol ar hyn o bryd. Dydy hyn ddim yn golygu fy mod yn ei wneud bob dydd, ond dwi'n trio ei wneud ychydig o weithiau'r wythnos. Fe allech ludo'r cwestiynau ar bapur ar flaen llyfr nodiadau neu yn electronig i mewn i ddogfen Word. Y perygl o ddefnyddio cyfrifiadur yw y bydd eich cyfrif e-bost neu'r cyfryngau cymdeithasol yn denu'ch sylw.

Dwi'n tueddu i ysgrifennu rhwng 200 a 500 o eiriau, ond dydy hynny ddim yn bwysig. Dydw i ddim yn meddwl yn rhy galed am y peth – nid llunio ymadroddion prydferth na rhoi meddyliau clyfar ar glawr yw'r bwriad, ond lawrlwytho'r parablu yn fy ymennydd. Y bwriad yw cael y rwtsh allan yn gyntaf er mwyn i mi symud ymlaen at ffordd fwy cadarnhaol o feddwl. Fel arfer, mae llawer o bethau dwi'n eu hofni, neu'n flin neu'n drist yn eu cylch. Os nad ydw i'n teimlo fel hyn am ddim byd, os dwi'n teimlo'n hwyliog, dwi'n tueddu i deimlo'n falch o hynny, ac yn mynd heibio'r cwestiynau canol ac at y diolchiadau a'r disgwyliadau.

Helpu fy iechyd meddwl yw'r diben, yn hytrach na fy helpu i ysgrifennu. Ond dwi'n gweld ei fod hefyd yn gweithredu fel ymarfer cynhesu. Weithiau mae syniad yn codi ohono a bydda i'n ymhelaethu arno yn rhywle arall.

Ble wyt ti?

Sut wyt ti'n teimlo?

Pam wyt ti'n drist?

Pam wyt ti'n ddig?

Beth rwyt ti'n ei ofni?

Am beth wyt ti'n ddiolchgar?

At beth wyt ti'n edrych ymlaen?

Diolchiadau

Diolch i fy asiant Jo Unwin, fy ngolygydd Francesca Main, a'r bobl hyfryd yn JULA, Picador a Pan Macmillan – cyrains blasus, yn wir. Diolch yn arbennig i Isabel Adomakoh Young, Saba Ahmed, Paul Baggaley, Anna Bond, Lara Borlenghi, Stuart Dwyer, Camilla Elworthy, Sarah Harvey, Sara Lloyd, Dusty Miller, Jon Mitchell, Kish Widyaratna ac Alex Young, ac i Katie Tooke am ddyluniad hardd y clawr.

I lyfrwerthwyr, llyfrgellwyr, newyddiadurwyr, blogwyr, trefnwyr gwyliau llenyddol a phawb sy'n ymwneud â thrio annog pobl i ddarllen mwy o lyfrau: dwi'n teimlo'n falch a breintiedig eich bod yn ymdrechu cymaint ar fy rhan. Diolch yn fawr iawn.

Yr hyn dwi'n ei garu fwyaf yn y byd hwn yw cysylltiad gonest rhyngddo i a phobl eraill. Dwi'n ddiolchgar i bawb sydd wedi rhannu profiadau dwys â mi dros gyfnod ysgrifennu'r llyfr hwn: fy nheulu a fy ffrindiau, pobl a ysgrifennodd ata i neu a siaradodd â mi mewn digwyddiadau, a chyd-awduron am sgyrsiau ar y llwyfan ac oddi arno am gariad, colled, marwolaeth, galar, gwallgofrwydd, callineb a natur ysgrifennu am yr hunan.

Dwi'n ddyledus am gyfuniadau amrywiol o gefnogaeth ymarferol, emosiynol a llenyddol i Kevin a Margaret Mintern, Ada Buitenhuis-Rentzenbrink, John a Lizzie Waterhouse, Dawn Cherrill a Laura Wilson, Kat Angelova, Jo Dawson, Lynette Elske, Janine Giovanni, Sali Hughes, Philip Jones, Julia Kingsford, Sophie Kirkham, Donna Lancaster, Crystal Mahey-Morgan, Sanja Oakley, Suzanne O'Sullivan, Benedicte Page, Nina Pottell, Nigel Roby, Julia Samuel a Caroline Sanderson.

Diolch o galon i fy nghyfnitherod Rosanna Foss, Roz Sage a Deb O'Sullivan am sôn wrtha i am broblemau iechyd meddwl yn ein teulu. Maen nhw'n fenywod dewr a hardd a dwi'n falch fod yr un gwaed yn llifo drwy ein gwythiennau ni.

Yn olaf, diolch yn fawr i Carole Blake, a fu farw pan oeddwn wrthi'n gorffen y llyfr hwn. Roedd Carole yn berson gwych â chalon enfawr a chariadus a oleuodd y byd llyfrau â'i chwilfrydedd, ei brwdfrydedd a'i hegni. Dwi'n gweld ei cholli ond dwi'n cael cysur ac ysbrydoliaeth o'i hagwedd at fywyd a marwolaeth. Os oes nefoedd yn bod – a dydw i ddim yn diystyru dim byd mwyach – dwi'n hoffi ei dychmygu hi yno, yn arwyddo cytundebau llyfrau, yn arllwys y jin ac yn bywiogi'r lle yn gyffredinol.

Cyfweliad â Cathy Rentzenbrink

Beth wnaeth i chi ysgrifennu *Llawlyfr ar gyfer Dolur Calon*?

Un o'r pethau mwyaf gorfoleddus i mi am ysgrifennu *The Last Act of Love* oedd bod pobl yn ymateb i mi ac roeddwn i'n teimlo fy mod wedi dysgu llawer o bethau newydd. Yn aml, roedd pobl yn dweud eu bod am roi fy llyfr i rywun roedd rhywbeth ofnadwy wedi digwydd iddo, ond eu bod yn poeni bod y llyfr braidd yn rhy drist. Fe wnaeth hynny i mi feddwl tybed a oedd hi'n bosib ysgrifennu rhywbeth gyda'r bwriad penodol o gysuro. Tua'r un pryd, fe ges i gyfarfod â therapydd a esboniodd i mi am gynnwys a phroses – cynnwys ydy'r hyn sydd wedi digwydd mewn gwirionedd a phroses ydy'r ffordd rydym yn trio dygymod â hynny. Os mai cynnwys oedd fy llyfr cyntaf, fe benderfynais mai proses fyddai'r ail un. Y bwriad o'r dechrau oedd ysgrifennu llyfr gobeithiol am ddolur calon.

Pa mor wahanol oedd y profiad o ysgrifennu'r llyfr hwn i ysgrifennu'ch cofiant, *The Last Act of Love*?

Roedd yn wahanol iawn mewn sawl ffordd. Feddyliais i erioed y byddai neb yn darllen fy llyfr cyntaf, felly roedd rhyw ryddid i'w ysgrifennu na fydda i byth yn ei deimlo eto, mae'n debyg. Hefyd, doeddwn i ddim yn ysgrifennu am unrhyw reswm heblaw am y teimlad o orfod gwneud hynny. Gyda *Llawlyfr ar gyfer Dolur Calon* roedd gen i fwriad clir; felly wrth ysgrifennu, ac yn fwy fyth wrth olygu, roeddwn i'n edrych ar bopeth ac yn gofyn a allai fod o fudd i rywun arall. Os nad oedd o fudd, roeddwn yn ei ddileu. Fe boenais i'n arw ynghylch gallu'r llyfr i gyflawni'i nod. Roedd yn rhyddhad mawr pan aeth y llyfr allan i'r byd mawr a chlywed pobl yn dweud wrtha i ei fod yn eu helpu.

Rydych yn dweud yn eich cyflwyniad mai 'dyma'r llyfr yr hoffwn fod wedi'i gael pan ddigwyddodd y gwaethaf, yn llawn o'r cyngor y byddwn wedi dymuno'i gael. Hwn hefyd yw'r llyfr yr hoffwn iddo fod wrth fy ymyl ar gyfer beth

bynnag ddaw yn y dyfodol'. Ydych chi wedi gorfod troi at eich cyngor eich hun ers cyhoeddi'r llyfr?

Ydw, a dwi'n hapus iawn i ddweud ei fod yn gweithio i mi. Dwi'n edrych ar y llythyr at fi'r dyfodol pryd bynnag y bydda i'n teimlo braidd yn fregus ac mae'n fy helpu i oedi a pheidio â gadael i mi wneud dim a allai wneud i mi deimlo'n waeth. Pan gafodd fy nhad niwmonia, roeddwn i'n teimlo fy mod i'n gallu meddwl am y gwersi yn y llyfr a dal ati. Yn ffodus, fe wellodd yn iawn a daeth hyn yn gyfle i ddiolch. Dwi'n ateb fy nghwestiynau ysgrifennu bron pob dydd ac mae'n ymddangos bod hynny'n fy atal rhag ffrwyno pob math o deimladau negyddol. Dwi hefyd yn hoffi darllen y llythyr at fy mab. Mae ei symlrwydd yn fy helpu i gofio beth sy'n bwysig. A dwi'n defnyddio'r safbwynt o wely angau o hyd ac o hyd i fy nghadw rhag poeni am bethau na fyddan nhw o bwys yn y pen draw.

Rhannodd llawer o ddarllenwyr eu straeon â chi ar ôl darllen *The Last Act of Love*. A fu ymateb tebyg i *Llawlyfr ar gyfer Dolur Calon*, a beth ydych chi wedi'i ddysgu gan eich darllenwyr?

Dwi'n teimlo mai'r darllenwyr sy'n gwneud i fy ngwaith ddod yn fyw. Mae fy llyfr yn debyg i falŵn – yn fflat nes bod

darllenydd yn chwythu iddo a'i droi'n rhywbeth o sylwedd.
Dwi wrth fy modd yn siarad â phobl mewn digwyddiadau
ac yn clywed eu straeon. Roeddwn i yn Jersey yn ddiweddar
ac fe rois i anerchiad yn Hosbis Jersey – lle prydferth gyda
gerddi anhygoel, yn edrych dros y môr. Roedd yn teimlo'n
arbennig iawn. Fe wnes i gyfarfod â menyw yr oedd ei gŵr
wedi marw chwe mis cyn hynny, a daeth ei dwy ferch gyda hi.
Roedd tebygrwydd teuluol cryf rhyngddyn nhw ac roeddwn
i'n teimlo fy mod yn edrych ar yr un wyneb. Fe gefais fy nharo
gan eu tristwch a'r cariad mawr roedden nhw'n ei deimlo tuag
at ei gilydd. Dwi'n credu bod gan bawb stori ac yn edmygu sut
mae pobl yn byw eu bywydau. Mae cymaint o ddewrder yn
digwydd o'n cwmpas pan fyddwn yn dewis chwilio amdano.
Rydym fel nionod, mae gennym lawer o haenau, a phan
fyddwn yn ymddiried mewn pobl, byddwn yn diosg yr haen
galed allanol i ddangos y darnau bregus a thyner oddi tani.
Dwi hefyd yn hoffi clywed am yr hyn y mae pobl yn ei wneud
i deimlo'n well, boed hynny'n goginio, garddio, cerdded neu
wneud gwaith crefft. Fe ddechreuais i redeg ar ôl i sawl un
ddweud y byddai'n llesol i fy meddwl ac i fy ngwaith, ac mae
hynny'n ddigon gwir.

Rydych chi'n ysgrifennu am geisio bod yn llai caeth i bethau. Sut hwyl rydych chi'n ei chael arni? Lwyddoch chi i roi'r gorau i'ch ffôn clyfar?

Ha! Naddo, mae'r ffôn clyfar yn dal gen i. Dwi wedi sylweddoli bod fy ffôn – fel cymaint o bethau eraill – yn was da ond yn feistr drwg. Mae wedi bod yn ddefnyddiol ar gyfer rhedeg, gan fy mod yn hoffi'r ap 'Couch to 5k'. Dwi'n trio trin fy e-bost fel y post, yn cyrraedd ddwywaith y dydd. Pan fydda i'n cadw hynny dan reolaeth, dwi'n llai lluddedig ac yn ei fwynhau fwy. Fy nod yw peidio byth ag ail-lwytho tudalen.

Fe rois i'r gorau i yfed alcohol yn llwyr ym mis Mehefin. Roeddwn i wedi rhoi cymaint o amser ac egni tuag at drio cael perthynas dda gydag alcohol, ond fe fu'n rhaid i mi dderbyn mai'r unig ffordd i mi beidio ag yfed gormod ohono oedd peidio â'i yfed o gwbl. Mae'n rhyfeddol o ddymunol, mewn sawl ffordd. Cyn belled nad ydw i'n teimlo'n ddigalon neu'n teimlo 'mod i'n colli allan, mae sawl bendith o fod wedi gwneud hynny. Mae rheoli'r iselder a'r gorbryder wedi bod gryn dipyn yn haws ers rhoi'r gorau iddi, felly mae wedi bod yn werth chwei. Yr un peth dwi'n dyheu amdano yw cysylltiad go iawn rhyngddo i a phobl eraill, felly dwi'n trio sicrhau bod hen ddigon o hynny'n digwydd.

Pa gyngor fyddech chi'n ei roi i unrhyw un sy'n ystyried ysgrifennu ei gofiant?

Ewch ati! Gafaelwch mewn beiro a dechreuwch gofnodi pethau. Dwi'n credu y gellid cyfoethogi'r rhan fwyaf o fywydau drwy ysgrifennu mwy a darllen mwy. Rhowch un gair ar ôl y llall a thybed i ble'r ewch chi?

Allwch chi sôn am eich llyfr nesaf?

Gallaf. Dwi'n ysgrifennu llyfr am bleser a chysur darllen. Darllen oedd fy nghariad cyntaf ac mae'n debyg mai dyna fydd fy nghariad olaf hefyd – dwi'n gallu dychmygu gwrando ar lyfrau llafar ar fy ngwely angau. Dwi'n dal i feddwl bod darllen llyfr a cherdded milltir yn esgidiau rhywun arall yn bethau gogoneddus. Mor syml, mor ddwys. Ar ôl yr holl flynyddoedd o werthu llyfrau ac ysgrifennu am lyfrau, dwi wrth fy modd â'r syniad o greu rhestr ac argymell llyfrau gwych i'w darllen. Dwi hefyd yn ysgrifennu nofel am griw o bobl sydd â meibion yn yr un ysgol.